日本比較法研究所翻訳叢書
74

ポールマン教授講演集

ドイツ・ヨーロッパ
保険法・競争法の新展開

ペートラ・ポールマン 著
山内惟介 編訳

**Neuere Entwicklungen
im deutschen und europäischen
Versicherungs- und Wettbewerbsrecht**

**Von
Petra Pohlmann**

中央大学出版部

装幀　道吉　剛

Gastprofessorin und Gastgeber
vor dem Gründer des Japanischen Instituts
für Rechtsvergleichung an der Chuo-Universität

原著者はしがき

中央大学（東京）とドイツ連邦共和国ノルトライン・ヴェストファーレン州にあるヴェストフェーリッシェ・ヴィルヘルム大学（通称ミュンスター大学）との間には、四〇年以上の長きにわたって、密接な関係が育まれてきた。両大学の法学部が互いの協力のもとに編んだ書物の数々によって、両者の結び付きは年ごとにますます深められてきている。本書は、両大学法学部に所属する民事法、公法、それに刑事法の分野の合計三〇名を超える教員諸氏が、——通算すると四〇回以上になる——客員教授としての相互の訪問や滞在、また在外研究等を通じて行ってきた活動を受け継いだものである。ミュンスター大学法学部が著者を二〇一二年度の派遣教授として選び、このようなすばらしいネットワークの維持発展に向けて協力しかつ新たな一歩を踏み出すよう送り出したことは、著者にとって大きな名誉であり、感激の念を覚えた。東京で過ごした数週間は、中央大学法学部の同僚諸氏との刺激に満ちた多くの出会い、そして山内惟介教授と春恵夫人の手厚いもてなしとも相まって、著者個人にとってのみならず、同行した家族にとっても、忘れ得ぬ想い出となった。

山内惟介教授は、両大学法学部の交流二〇周年を記念してミュンスター大学で行われた学術集会（Akademische Feierstunde: 20jähriges Bestehen der Partnerschaft mit der Rechtswissenschaftlichen Fakultät der Chuo-Universität Tokio am 7. Februar 2006 um 16 Uhr s.t. im Festsaal des Schlosses）におけるその講演において、この交流を「掌中の珠（ein Schatz）」と

呼んでいた（Yamauchi, Kultur, Recht und Rechtskultur, in: Freundeskreis Rechtswissenschaft [Hrsg.], Schlaglichter 5, Münster 2006, S. 79 f., 97 zum 20-jährigen Jubiläum）。この交流がそのように称されたことには、それなりの理由があろう。著者の視点からは次の三点を挙げるにとどめ、その余の点については他に委ねたい。まずもって、両大学法学部がともに双方の利益となるよう当事者意識をもってこの交流を主体的に担ってきたという事実が強調されなければならない。先に挙げた数字の数々がこのことを如実に示していよう。次に、この交流では当初から、どちらの大学でも、たんに研究者として受け入れて研究成果の還元を求めるだけではなく、大学教授という立場を有する教育者として、また相手国文化の体現者として、端的に言えば、一人の人間として温かく迎え入れることが計画されていた。この交流協定第一条には、両大学が互いに協力して「文化、教育及び学術の分野での交流計画において協力する」という趣旨が明言されている。両大学に所属する人々の間での出会いがいろいろなかたちで行われることによって、一度限りの出会いだけでは到底得られないような深く濃い結び付きが生まれるようになっている。そして、第三に、両学部がともに相手方を信頼し合っていることも強調されなければならない——いずれの学部も、相互に与え合うという約束を尊重しかつ実践してきている。

本書に収録したのは、二〇一二年九月、著者が中央大学に滞在した折りに行った二本の講演原稿とその後追加した二本の論文である。翻訳作業にあたられたのは山内惟介教授と同教授の指導を女性では四番目に受けられた柚原愛子氏（津田塾大学非常勤講師）のお二人である。両氏の格別の御高配に感謝したい。中央大学で行った講演では、二度とも、二〇分ほどの講演に続けて、中央大学の同僚諸氏だけでなく、学生たちとの間でも、一時間を超えて、著者は密度の濃い討議を経験した。山内教授による卓越した通訳がなければ、実現できなかったことである。講演原稿を適時に送付できていなかったために、翻訳および通訳にはひときわ大きな支障があったことと思われる。山内惟介教授が中央大学とミュンスター大学との交流における日本側の中心人物であるという表現は決して誇張ではない。両大学の関わりが始まってから四〇年後、また交流協定が正式に締結されてから二〇年後にあたる二〇一二年に、ミュンスター大学が山内教授に対して名誉法学博士の学位を授与したのもこのような高い評価を反映したものである。

われわれの希望は、この交流をさらに拡大させ発展させることにある。山内教授は交流二〇周年を記念して行われた右の学術集会において、この「二〇」という数字が日本の民法典では成年年齢を示すことに触れられた（Yamauchi, Kultur, Recht und Rechtskultur, in: Freundeskreis Rechtswissenschaft [Hrsg.], Schlaglichter 5, Münster 2006, S. 79 f., zum 20-jährigen Jubiläum）。われわれの交流が今後ともさらに隆盛を保ち、この二一世紀と同じように、両大学間の関係が長く続くことが改めて望まれる。

ペートラ・ポールマン

（山内惟介訳）

ミュンスターにて、二〇一四年六月

編訳者まえがき

ここに訳出したのは、本学法学部および日本比較法研究所とドイツ連邦共和国ノルトライン・ヴェストファーレン州ミュンスター市在、ヴェストフェーリッシェ・ヴィルヘルム大学（Westfälische Wilhelms-Universität zu Münster）（以下、「ミュンスター大学」（通称）と略記する。）法学部との間で定期的に行われている教員相互派遣事業の一環（中央大学客員教授としての受入事業）として、二〇一二年度（二〇一二年九月一八日から二九日まで）に来日されたペートラ・ポールマン（Petra Pohlmann）教授が本学において行われた講演および特別講義の原稿等である。右事業の発足当初は本学における講義および講演のすべてを収録するかたちで翻訳叢書の刊行が可能であったが、この間、本学における国際交流事業の質的転換に伴って、滞在期間が大幅に短縮された結果、学生および教員との実質的な交流の機会もこれに比例して大きく減ずることとなった。そのため、今回の刊行にあたっては、右の二点に本学での講義内容と深く関わる最新の著作二点を追加することとした。

第一論文「保険会社役員に対する保険事業者監督法上の規制（原題・Aufsichtsrechtliche Anforderungen an Schlüsselfunktionsträger in Versicherungsunternehmen）」は、二〇一二年九月二一日（金曜日、二時限）に日本比較法研究所で開催された講演用原稿である（この原稿は、後に、Looschelders, Dirk/ Michael, Lothar (Hrsg.), Düsseldorfer Vorträge zum Versicherungsrecht, 2012, 2013, S. 29–82 に公表された）。第四論文「民事訴訟における規範事実の経済学的解釈——カルテ

ル法を素材として――（原題・Ökonomische Normtatsachen im Zivilprozess: Am Beispiel des Kartellrechts）」は同月二六日（水曜日、三時限、六一〇二号教室）に中央大学法学部国際企業関係法学科三年次開講科目「国際取引法」（山内担当）で行われた特別講義の記録である（この原稿は、基本的な構成を維持しつつも、相当の加筆修正を経て、後に、表題を「Normtatsachen im Kartellzivilprozess: Am Beispiel der Kosten-Preis-Schere」と変更して公表されている（Bruns/Kern/Münch/Piekenbrock/Stadler/Tsikrikas (Hrsg.), Festschrift für Stürner, Band 1, 2013, S. 435-454)）。新たに追加された二本のうち、第二論文「保険法分野における学理と実務の架橋者――ヘルムート・コロサー（一九三四年～二〇〇四年）の軌跡――」は「Das Versicherungsrecht in Wissenschaft und Praxis: Helmut Kollhosser (1934-2004)」（Thomas Hoeren (Hrsg.), Münsteraner Juraprofessoren, Münster 2014, S. 335-348）の邦訳であり、また第三論文「ヨーロッパ連合の消費者保護法、競争法および保険監督法における事業者概念」は、「Zum Unternehmensbegriff im Verbraucherschutzrecht, Wettbewerbsrecht und Versicherungsaufsichtsrecht der Europäischen Union」（Wandt/Reiff/Looschelders/Bayer (Hrsg.), Festschrift für Egon Lorenz zum 80. Geburtstag, Karlsruhe 2014, S. 327-344）の翻訳である。これらドイツで公表された各成果の訳出にあたってはいずれも、同教授を介して、原出版社の許諾が得られている。

原著者、ポールマン教授（一九六一年三月三一日、オーバーハウゼン生まれ）は、ミュンスター大学法学部正教授（担当分野―民法、経済法および民事訴訟法）であり、同時に、同大学国際経済法研究所（Institut für Internationales Wirtschaftsrecht）共同所長および同大学保険制度研究センター（Forschungsstelle für Versicherungswesen an der Universität Münster）筆頭所長でもある。教授は、ミュンスター大学において、英文学（Anglistik）、歴史（Geschichte）および美術史（Kunstgeschichte）を学ぶ（一九八〇年／一九八一年冬学期および一九八四年夏学期に）とともに、法律学をも学修された（一九八一年夏学期～一九八六年夏学期）。司法修習中にドイツ通商代表部（Delegierten der deutschen Wirtschaft）（在アメリカ合衆国ワシントンＤＣ）での実務を経験された（一九八七年～一九九〇年）後、本学との交流計画におけるミュンスター大学側の初代交流事業担当者、ヘルムート・コロサー（Helmut Kollhosser）教授の指導下に、ミュンスター大学労働法・社会法・経済法研究所（Institut für Arbeits-, Sozial- und Wirtschaftsrecht）の学術研究員（Wissenschaftliche Mitarbeiterin）（一九九〇年～一九九一年）を経て、一九九一年に「Die Heilung formnichtiger Verpflichtungsgeschäfte durch Erfüllung（方式上無効な債務行為の履行による瑕疵の治癒）」（Berlin 1992）により、法学博士号（ミュンスター大学）を取得された。この論文に対しては、その出色の出来栄えのゆえに、ミュンスター大学学術振興協会（Gesellschaft zur Förderung der Westfälischen Wilhelms-Universität）から、一九九二年度のハリー・ヴェスターマン賞（Harry Westermann-Preis）（商法学者として世界的に著名な研究者を記念して一九八七年に創設されたこの賞についてはhttps://www.uni-muenster.de/Foerderer/westermann_preis.html 他参照）が授与されている。一九九七年に「Der Unternehmensverbund im Europäischen Kartellrecht（ヨーロッパ・カルテル法における事業者団体）」（Berlin 1999）によりミュンスター大学から大学教授資格を取得された同教授は、その直後に、そして二〇〇四年冬学期に母校に戻られるまで、ノルトライン・ヴェストファーレン州デュッセルドルフ市にあるハインリッヒ・ハイネ大学（通称デュッセルドルフ大学）教授に就任（一九九八年以降、デュッセルドルフ上級地方裁判所非常勤裁判官に任官）されていた。その他、細目については、教授のホームページ（https://www.jura.uni-muenster.de/index.cfm?objectid=2617EC09-A2E5-2633-034F806EA8A2D2C1）に詳しい。

本学とミュンスター大学との長期にわたる交流の経緯等については、訳者自身、すでに概観したことがある（山内「中央大学・ミュンスター大学間における法学者交流の回顧と展望——二〇周年を迎えて——」（石川敏行／ディルク・エーラース／ベルンハルト・グロスフェルト／山内編著『中央大学・ミュンスター大学交流二〇周年記念　共演　ドイツ法と日本法』（日本比較法研究所研究叢書73、中央大学出版部、二〇〇七年）四〇九―四二七頁）および山内「中央大学・ミュンスター大学間の交流におけるグロスフェルト、ザンドロック両博士の功績」（山内／ヴェルナー・F・エプケ編著『中央大学・ミュンスター大学交流二五周年記念　国際関係私法の挑戦』（日本比較法研究所研究叢書92、中央大学出版部、二〇一四年）三―二〇頁）。ポールマン教授の来日は、前述の通り、同教授がコロサー元教授の直弟子の一人であるところから、同大学との交流事業が文字通り第二世代に見事に継承されていることの何よりの証となっている（訳者の直弟子の一人でもある本学法学部の同僚、楢﨑みどり教授が二〇一五年度後期在外研究者として、ミュンスター大学に滞在されたことも良き世代継承の一例となろう（ベルンハルト・グロスフェルト／楢﨑訳「音楽と法」解題として「グロスフェルト教授の『比較法』と『国際交流』――ミュンスター交流裏史――」比較法雑誌五〇巻二号掲載予定）)。周知のように、この交流計画が今日のような発展をみるまでには、両大学関係者による真摯な努力が不断に積み重ねられてきたことが特筆されなければならない。その最初期から中心的な役割を担われたベルンハルト・グロスフェルト（Bernhard Großfeld）教授を初めとして、両大学ともに、多くの方々がすでに定年を迎えられ、また一部の関係者は惜しまれつつも鬼籍に入られている（この訳者自身も二〇一六年度末に定年を迎える予定である）。改めて両大学間の交流の一層の進展を願うとともに、本訳書の刊行がここで取り上げられた主題に関心を抱かれるわが国関係者に向けての有益な問題提起となれば何よりの幸いといわなければならない。

末文ではあるが、訳者側の事情により、本書の刊行が大幅に遅れた点について御宥恕をお願いしなければならないが、多忙な時間を割いて特に本学の招きに応じられ、交流の進展に尽力されたポールマン教授の御厚情に対し、同教授招聘計画に関わったものとしてここに改めて深甚なる謝意を表するとともに、本書の刊行にあたって御助力を得た日本比較法研究所の関係各位および中央大学出版部の小松智恵子氏に対してもここに特記して謝意を表することとしたい。

二〇一六年六月一五日

山内惟介

ポールマン教授講演集

ドイツ・ヨーロッパ保険法・競争法の新展開——目　次

原著者はしがき

編訳者まえがき

保険会社役員に対する保険事業者監督法上の規制
Aufsichtsrechtliche Anforderungen an Schlüsselfunktionsträger in Versicherungsunternehmen
山内惟介 訳 1

保険法分野における学理と実務の架橋者
――ヘルムート・コロサー（一九三四年～二〇〇四年）の軌跡――
Das Versicherungsrecht in Wissenschaft und Praxis: Helmut Kollhosser (1934–2004)
山内惟介 訳 41

ヨーロッパ連合の消費者保護法、競争法および
保険監督法における事業者概念
Zum Unternehmensbegriff im Verbraucherschutzrecht, Wettbewerbsrecht und
Versicherungsaufsichtsrecht der Europäischen Union　山内惟介訳　67

民事訴訟における規範事実の経済学的解釈
――カルテル法を素材として――
Ökonomische Normtatsachen im Zivilprozess:
Am Beispiel des Kartellrechts　柚原愛子訳　103

ペートラ・ポールマン教授著作目録
Prof. Dr. Petra Pohlmann: Schriftenverzeichnis

索引

保険会社役員に対する保険事業者監督法上の規制

Aufsichtsrechtliche Anforderungen an Schlüsselfunktionsträger
in Versicherungsunternehmen

山内惟介訳

目次

一　はじめに
二　法の発展
1　ヨーロッパ法上の基準
2　ドイツ国内法
三　人的範囲——職務決定権の主体
1　ヨーロッパ法——職務決定権の主体
2　ドイツ国内法——職務決定権の主体
3　中間まとめ
四　資格——「専門的適性および信頼性」
1　ヨーロッパ法上の基準
2　ドイツ国内法
五　要約と展望

一　はじめに

ヨーロッパの保険事業者監督制度は、いま、大きな変動期にある。およそ五〇年にわたるこの分野の歴史を振り返ってみると、目下、第二の変動期を迎えていることが分かる。一九六〇年代には、第一段階にあたるが、再保険が自由化された。この自由化は、外国の再保険事業者に対しても、国内のそれと同様に、認可の要件が充足されてさえいれば、認可を求める請求権を与えるというかたちで行われた。その一〇年後、すなわち、一九七〇年代になってからは、保険の全分野について保険事業者監督制度が導入されたことに加え、保険会社の資本調達および法的存立形式、これら二点に関する実質的基準が初めて制定法のかたちで登場した。一九八〇年代には、一層の自由化が行われた。

一九九二年になると、いわゆる第三次保険指令（Dritte Versicherungsrichtlinie）の発効によって、ヨーロッパ連合域内市場で問題となるさまざまな関係を規律する法的基盤が整えられた。それ以来、保険事業者に認可を与えた国の監督官庁のみが、当該保険事業者がヨーロッパ連合に加盟するすべての国で行うさまざまな活動に対する監督権限を行使している（出身国原則または本拠地国原則、いわゆるシングル・ライセンス）。単純化していえば、保険事業者の出身国だけが当該保険事業者に対する金融監督を行うこととなっている。尤も、外国で認可を得た保険事業者が自国で活動することを認める国は、右の原則を前提としながらも、当該保険事業者が自国の国内法を遵守しているか否かという点に限って、当該活動に対する規制を行うことが認められている。この第三次保険指令は、ヨーロッパ保険事業者監督法の分野において、規制の統一を図るうえで大きな突破口となった。その後、個々の問題ごとに、さらに多くの指令が定められてきた。それらのうち、特に強調されるべきものが二つある。そのひとつは、保険事業者グループに関する指令（Versicherungsgruppen-Richtlinie）である。この指令が出されたことにより、いずれかの企業グループに属する保険事業者に対する監督が一段と強化されるようになった。もうひとつは、金融コングロマリット指令（Finanzkonglomerate-Richtlinie）である。この指令により、金融ビジネスに関して一元的管理を行うコンツェルン（Allfinanzkonzerne）（保険商品を販売する目的で銀行の販売ルートを利用するべく保険会社と銀行とが提携関係を結んだコンツェルン）に対する監督の可能性が追加されることとなった。これら二つの指令が定められるようになった歴史的要因として、経済活動における金融一元化の動きがあったことは否めない。とはいえ、そうした金融一元化を肯定するような動きは、その後これまでの間にすっかり沈静化してしまっている。このほかにも、注目すべきものとしては、再保険指令（Rückversicherungsrichtlinie）などがある。再保険指令の場合も、出身国による監督を認めるという原則が採用されている。

二〇〇九年に定められたいわゆる支払能力に関する第二指令（Solvency-II-Richtlinie――これは、ファクター方式に基づく支払能力に関する第一指令（Solvency-I）を近代化し、経済価値をベースとした支払能力規制に変更したものである。以下、保険指令（RL-Vers.）と略記する。）[1]は、ヨーロッパ連合の金融サーヴィス分野を支える、最も重要な規制枠組のひとつを成している。この枠組は、保険事業者の支払能力を確保するためにそれまで設けられていた規定（定式に基づいて自己資本の算定を行わせようとする規制）を廃止し、リスク管理のみに重点を置いた金融監督制度へと方向を転換し、これをさらに発展させることを目標としていた。保険事業者には、自社内のリスク・マネージメントを改善することが求められていた。それと同時に、この保険指令では、それまで行われていた事前規制（収集したデータに基づいて商品別、分野別に大量のルールを設け、ルールの解釈を通じて規制する制度）に代えて、事後規制（原則をあらかじめ示し、原則に沿っているか否かを事後的に規制する制度）が採用されている。事後規制が行われる場合には、規制を受ける保険事業者側の裁量の余地がこれまで以上に広がり、それに伴って、判断主体の責任も大きくなる。この保険指令には、さらに、各国でバラバラに行われていた保険事業者監督制度をヨーロッパ的規模で適切に調和させようとする意図も込められていた。こうした事情から、現在、保険事業者監督法（Versicherungsaufsichtsgesetz（VAG））規制の中核部分は、ヨーロッパ委員会によって公布される、直接適用可能な実施措置を通じて行われるようになっている。銀行業に関するバーゼル第二規則の場合と同様、ここでも、三本柱の体制が考えられていた。第一の柱には資本維持に関する規定が含まれる。また、第三の柱には報告義務と公開義務に関する規定が含まれている。

しかしながら、ここで特に重視したいのは、リスク・マネージメント制度に関わる第二の柱である。そこに盛り込まれているのは、保険事業者および監督官庁に対する定性的な規制（qualitative Anforderungen）である。前者、すなわち、保険事業者に対する定性的な規制のうちで最も重要なものは、保険指令第四一条以下に定められているが、自律的なガヴァナンス・システムを介して行われる規制である。ガヴァナンス・システムでは、当該事業者においていわゆる「決定権（Schlüsselfunktionen）」を有する者、たとえば、取締役について一定の基準が設けられている。それが、専門的適性（fachliche Eignung（英語では、fit））と信頼性（Zuverlässigkeit（英語では、proper））という二つの基準である。ここでは、これらの基準が採用されたことによって新たに生み出された一連の問題について取り上げることとしたい。

以下では、まずこの点に関する法制の歴史的変遷が概観される（二）。それに続けて、二つの問題が取り上げられる。そのひとつは、決定権の主体（役員）が誰かという、人的範囲に関する問題である（三）。他のひとつは、決定権の主体が備えるべき資質、すなわち、「専門的適性」と「信頼性」という文言がそれぞれ何を意味するかという、基準の内容に関する問題である（四）。

(1) 保険事業および再保険事業の開始および実施に関する二〇〇九年一一月二五日のヨーロッパ議会およびヨーロッパ理事会指令二〇〇九年第一三八号 (Richtlinie 2009/138/EG des Europäischen Parlaments und des Rates vom 25. 11. 2009 betreffend die Aufnahme und Ausübung der Versicherungs- und Rückversicherungstätigkeit (Solvabilität II) ABl. L 335/1.)。

二 法の発展

1 ヨーロッパ法上の基準

ヨーロッパ連合の法源中に、どのような指令が定められているかをまず確認しよう。初期に定められた複数の指令にあっては、「取締役会の構成員 (Mitglieder der Verwaltungsorgane (英語では、directors and managers))」に対してどのような規制を設けるかの判断権限がまだ加盟国に留保されていた。(2) しかし、このような加盟国ごとの規制というやり方は、この第三世代の指令によって、根本的に変更されている。すなわち、損害保険第一指令第八条第一項第一文e号および生命保険指令第六条第一項第二号に基づいて、(3)「認可を申請する保険事業者において経営の任に当たる者は所要の信頼性および必要不可欠の専門資格ないし職業経験 (die erforderliche Zuverlässigkeit und die notwendige fachliche Qualifikation bzw. Berufserfahrung) を有していなければならない」という要件を該当者が満たしているか否かが確認されなければならない。この規定中の「ないし (bzw.)」という曖昧な表現は、フランス語、スペイン語、オランダ語および英語の版が示していたように、「または」という意味に解釈されなければならない。このようにみる立場では、「資格と経験（Qualifikation und Erfahrung）」という二つの文言は相互に選択的な関係にあり、いずれか一方を備えていれば足りる。その後、丸一〇年の時を経て、金融コングロマリット指令（Finanzkonglomerate-Richtlinie）(4)および保険事業者グループに関する指令（Gruppenrichtlini）(5)によって、保険持ち株会社および金融持ち株会社の業務を「事実上執行する」者が備えるべき資質として、「十分な評価を得ているとともに、当該職務の実施につき十分な経験を有していなければならない」という要件が新たに追加された。

これらの基準の人的適用範囲は、その後、保険指令によって拡張され、具備すべき要件の追加というかたちで、規制がさらに強化された。保険指令第四二条では、保険事業者を事実上経営している者、そして決定権を有するその他の者、この両者を対象として、新たな規制が追加された。その内容をみると、第一に、これらの者は専門的な資格を持っていなければならない――この要件の解釈に際して、手堅くかつ慎重な経営（solides und vorsichtiges Management）が行われることを保証するために、職業資格（Berufsqualifikation）、専門的知識（Kenntnisse）、それに、経験（Erfahrungen）、これら三種類の要件が累積的に具備されていなければならない。第二に、これらの者は、信頼される人物（persönlich zuverlässig）でなければならない――この要件は、定義をさらに細かく補充するかたちで、「信頼性がありかつ非の打ちどころがない（zuverlässig und integer）」というように、いいかえられている。保険持ち株会社や金融持ち株会社の事業を事実上執行する者に対しても、保険指令第二五七条を介して、保険指令第四二条が適用されている。(6)

保険指令第四二条の内容は、ヨーロッパ委員会によってさらに詳しく定められている――オムニバス第二指令（Omnibus-II-Richtlinie）（従前の広告用パンフレット・支払い可能性に関する指令（Prospekt- und Solvabilität-II-Richtlinie）にヨーロッパ委員会が変更を加えた指令）という形式であらかじめ可決されていた表現形式をみると、保険指令第四二条が定める意味での基準および当該基準の具備を必要とする職務、これら二点の細目を補充するために、ヨーロッパ委員会には、保険指令第五〇条第一項c号に基づいて、自己の権限に基づく法的行為を行うことが認められている（ヨーロッパ連合運営条約第二九〇条参照）(7)。むろん、これらの規定はまだ公布されていない。この種の規則の準備草案が広く話題になれば、専門的資格についても人的資格についても世間の理解が一層深まり、それに合わせて、関連するそれぞれの意思決定部門（Gremium）でも、該当者の特殊な職務について必要な内部的規制が行われるようになろう。

2　ドイツ国内法

ドイツの会社法（Gesellschaftsrecht）では、取締役（Vorständen）および経営管理役（Aufsichtsräten——業務執行の監査、取締役会に対する一般的業務についての助言、取締役の選任・解任等を行う機関であり、日本の株式会社の監査役とは、その機能を異にする）の資格に関して散発的な規定がみられるにすぎない——これらの規定ではおおむね消極的な表現が採用されている。たとえば、職務の担当に際して承諾が留保されている場合や一定の犯罪行為が行われていた場合に、所定の要件のもとに該当者の資格を職権で排除する規定がそうである（株式法第七六条第三項、第一〇〇条、第一〇五条第一項）。この種の規定は、このほか、共同決定法にも見出される。たとえば、経営管理役会における労働者代表には、当該事業体に最低一年間は所属していなければならないという要件が定められている（共同決定法第七条第三項第一文、三分の一参加法（経営管理役会労働者代表の三分の一参加に関する法律（Gesetz über die Drittelbeteiligung der Arbeitnehmer im Aufsichtsrat）の略称（Drittelbeteiligungsgesetz））第四条第三項第一文）。これに類する細かな基準はこのほかにもある。また、——拘束力を欠くが——ドイツ・コーポレート・ガヴァナンス基準（Deutsche Corporate Governance Kodex (DGCK)）をみると、経営管理役の資格に関する細目が定められているものの、取締役の資格に関する規定は置かれていない。

ドイツでは、特に保険事業者の経営者に対して、古くから、正確にいうと一九三七年以降、人的規制が行われてきた（所有者に対しても同様の規制が行われている）。当時は、「必要とされる資格および経験」という要件を全面的に欠く者に対するのと同様に、十分なトレーニングを受けておらず、しかも尊敬に値しない者や専門知識を十分に備えていない者に対しても、保険事業を認可することは禁止されていた。(8) その後、少なくとも先行文献をみる限り、この規定はかなり広く解釈されてきた。対象者には、取締役、有限責任会社の事業執行役員および全権委任を受けた代表者のほか、代表取締役および各部局で「法律上の責任を有する」長も含まれている。(9) しかし、現在では、むしろこの規定の適用範囲を狭め、法定代理人および事業執行権者に限定するという考えが強くなっている。(10)

第三次指令が出された結果、保険事業者監督法第七a条の中に、事業経営者に対する規制が取り入れられ、(11) その後さらに、保険持ち株会社や混合型金融持ち株会社の事実上の業務執行者に対する規制も定められた。(12) 事業経営者と事実上の業務執行者、これら二つの類型についても、人間的に信頼され、しかも同時に、専門的適性のある人物でなければならないというルールが適用されている。二〇〇九年には、当時の金融市場危機を反映して、保険事業者監督法第七a条に第四項が新たに追加された――同項では、経営管理役について、人間的に信頼され、しかも同時に、必要とされる専門知識を有する人物でなければならないというルールが定められている。(13)

その後、新しい保険事業者監督法草案が登場した。保険事業者監督法草案の第二五条には、保険指令第四二条に合わせて調整された新しい規定が含まれている。同草案第二五条は、「参照せよ」という指示を同第二六一条第一項第一文（「第二部第一章第三節が準用される」）および第二八四条第一項第二文（「第二六一条以下が……に準用される」）の中に入れてはいるが、保険持ち株会社および金融コングロマリットについても、これと同様の規制を行っている。混合型金融持ち株会社については、第二八四条第二項の中に独自の規定が設けられているが、同項では保険事業者監督法草

案第二五条に言及されていない。(14)

（2）このことは、第一次生命保険指令（Richtlinie Leben (Richtlinie 92/96/EWG)）第八条第三項および第一次損害保険指令（1. Schadenrichtlinie (Richtlinie 92/49/EWG)）第八条第三項に、それぞれ定められている。

（3）これらの規定は、第三次損害保険指令および第三次生命保険指令を通じて挿入されている。

（4）金融コングロマリットに属する信用機関、保険事業者および証券事業者に対する追加的監督に関するヨーロッパ議会およびヨーロッパ理事会指令（Richtlinie des Europäischen Parlamentes und des Rates über die zusätzliche Beaufsichtigung der Kreditinstitute, Versicherungsunternehmen und Wertpapierfirmen eines Finanzkonglomerats (2002/87/EG), ABl. 2003 L 35/1.）第一三条。

（5）保険事業者グループまたは再保険事業者グループに属する保険事業者または再保険事業者の追加的監督に関するヨーロッパ議会およびヨーロッパ理事会の指令（Richtlinie des Europäischen Parlamentes und des Rates über die zusätzliche Beaufsichtigung von Versicherungs- und Rückversicherungsunternehmen einer Versicherungs- oder Rückversicherungsgruppe, (1998/78/EG), ABl. 1998 L 330/1）の金融コングロマリット指令（Finanzkonglomerate-Richtlinie）の形式におけるもの——これは、その後、支払能力第二指令（Richtlinie Solvency II.）により廃止された）第一〇b条。

（6）保険指令第二五七条は、その後、金融コングロマリットに属する金融事業者に対する追加的監督に関するヨーロッパ議会およびヨーロッパ理事会指令（Richtlinie 2011/89/EU des Europäischen Parlamentes und des Rates zur Änderung der Richtlinien 98/78/EG, 2002/87/EG, 2006/48/EG und 2009/138/EG hinsichtlich der zusätzlichen Beaufsichtigung der Finanzunternehmen eines Finanzkonglomerats (ABl. 2011 L 326/113)）第四条第一九号によって変更され、保険指令第四二条というより厳格な基準に適合させられている。これにより、金融コングロマリット指令第一三条所定の要件はより洗練されたものとなっている。もちろん、第一三条自体は廃止されていないが、その理由は、おそらく、これらの事業者の業務分野が互いに重なり合っているという点にあろう。

（7）保険事業者および企業老齢年金に対するヨーロッパ経営管理役監督庁ならびにヨーロッパ有価証券事業者監督庁の権限に関する指令を変更するためのヨーロッパ議会およびヨーロッパ理事会指令のための提案（Vorschlag für eine Richtlinie des Europäischen Parlamentes und des Rates zur Änderung der Richtlinien 2003/71/EG und 2009/138/EG im Hinblick auf die

Befugnisse der Europäischen Aufsichtsbehörde für das Versicherungswesen und die betriebliche Altersversorgung und der Europäischen Wertpapieraufsichtsbehörde, KOM/2011/0008 endg.）第一条第一八号。

（8） 一九三七年三月五日の民間の保険事業者および住宅金融公庫に対する監督に関する法律を変更するための法律（Gesetzes zur Änderung des Gesetzes über die Beaufsichtigung der privaten Versicherungsunternehmen und Bausparkassen vom 5. März 1937 (RGBl. I S. 269)）の形式における保険事業者監督法第八条。*Kaulbach*, ZVersWiss 1976, 697, 699 は、おそらくは正当であろうが、ユダヤ人の排除がこの規定の立法目的であったと推定している。

（9） *Fromm/Goldberg*, VAG, 1966, § 8 Anm. 3; *Goldberg/Müller*, VAG, 1980, § 8 Rn. 5. *Schmidt/Sasse in*: Prölss, VAG, 7. Aufl. 1974, § 8 Ziff. 10.

（10） *Kaulbach*, ZVersWiss 1976, 697; *Schmidt/Sasse in*: Prölss, VAG, 7. Aufl. 1974, § 8 Ziff. 10.

（11） Dritte Durchführungsgesetz/EWG zum VAG vom 21.07.1994 (BGBl. I S. 1630); Begr. RegE BT-Drs. 12/6959, S. 52 f.

（12） Finanzkonglomeraterichtlinie-Umsetzungsgesetz vom 21. 12. 2004 (BGBl. I S. 3610, 3627).

（13） Gesetz zur Stärkung der Finanzmarkt- und der Versicherungsaufsicht vom 29.07.2009 (BGBl. I S. 2305).

（14） 対応する諸規定の間には違いがある。

三　人的範囲——職務決定権の主体

以上の概観から十分に推測されるように、その後も、ヨーロッパでは、保険事業者監督制度の強化が図られてきた。規制の主たる対象は、保険事業者のために行動する者の資格および信頼性の強化であった。その歩みを振り返ると、最初に——現在、すでに廃止されているが——保険分野の普通取引約款に対する規制が行われた——これは、——現在はもう行われていないが——製品に対する規制に対応するものであった[15]。今日では、人に対する監督制度が、ガヴァナンス・システム――支払能力に関する第二指令（Solvency II.）の第二の柱――における最も重要な要素のひとつとなっている。ここで取り上げようとするのは、規制の人的範囲が次第に拡張されてきたこと、人的範囲に関する規制が一層強化されてきたこと、これら二点である。論述にあたっては、最初にヨーロッパ・レヴェルでの法状態が、次いでドイツのそれが検討される。

1　ヨーロッパ法――職務決定権の主体

保険指令では、規制の対象として、人的範囲が取り上げられている。そこで行われているのが、専門的規制と対人的規制である。規制の対象者は、「保険事業者において事実上経営の任にあたっている者またはその他職務として決定権を有する者、全員」と表現されている。「職務決定権の主体」を表す上位概念としてそこで使われているのは「Inhabers von Schlüsselaufgaben」という表現であるが、保険指令の他の箇所をみると、「Schlüsselfunktionen」という言い回しも用いられている（立法理由書第三三―三五、第二六条第三項、第四四条第一項第二文）。「Schlüsselfunktionen」も「Schlüsselaufgaben」も、その意味するところに違いはない。他の加盟国で用いられている言語[16]において統一的に翻訳されていることから判断して、表現上の違いが意味の違いをもたらさないことは明らかである。

この「職務決定権の主体」と明確に区別されなければならないのが、「職務決定権を有する担当者（Schlüsselaufgaben nur *wahrnehmen*）」という表現である――この表現を用いて、両者の違いを強調しているのが、保険指令立法理由書第三四項である。それによれば、「職権としての決定権を担当する（Schlüsselfunktionen wahrnehmen）者はすべて専門的資格を有していなければならずかつ信頼されていなければならない」。しかしながら、立法理由書がその後に記しているところによると、監督官庁に対する届け出義務は「職務決定権の主体（*Inhaber* der Funktionen）」にしか課されていない。保険指令第四二条第二項および第三項では、保険事業者の職務決定権の主体に限って、保険事業者監督官庁に対し、同庁が資格具備審査を行えるよう、保険事業者自身がみずからの一身についての届出およびみずからの一身に関する情報の伝達をそれぞれ行う義務があるとされている。しかし、立法理由書第三四項から明らかになるのは、おそらく、職務決定権の担当という局面でも、専門的資格および人間的信頼性がともに必要とされるという点でしかないようにみえる。

このように、「職務決定権の主体」という概念に誰が含まれるかという点の細目は、いまだ明確ではない。職務決定権の主体と職務決定権の担当者とを区別する基準も、これと同様に、明らかになっていない。

（1）取締役

事業者において事実上経営の任にあたっている者、すなわち、職務決定権の主体は、株式会社および相互保険社団（Versicherungsvereinen auf Gegenseitigkeit）の取締役、そして、営業所の全権委任代表者（Hauptbevollmächtigten einer Niederlassung）、これらである（保険指令第一四六条第一項第一文参照）。

（2）経営管理役

保険指令第四二条が経営管理役に対しても適用されるか否かという点は、ドイツの文献上争いのある、主要な論点のひとつである。経営管理役が事業者において事実上経営の任にあたっている者にあたるのか、それとも、職務決定権の主体に該当するのかという点も明らかにされなければならない。

保険指令第四二条はアングロ・アメリカの取締役会制度を前提としたものである、いいかえれば、保険指令第四二条はヨーロッパ大陸の知的創作である経営管理役を当初から規制の対象としていない、という考えが時として語られることがある。[17] けれども、この指令自体をみても、またその成立史をみても、当然のことながら、こうした見方に賛成する明示的な論拠を何も見出すことはできない。指摘できるのは、せいぜい、財務健全性（支払能力）の量的算定（Solvabilitätsberechnung）に関して、連合王国の法状態が保険指令のモデルとされたという点のみである。ガヴァナンス・システムの場合、経営管理役を別に設けることが見落とされているという指摘にもなんら説得力はない。また、ヨーロッパ連合加盟国の中で、ドイツ一国だけが二元システムを採っているというわけでもない。オーストリアが二元システムを採用するほか、ベルギー、フィンランド、フランス、オランダ、ポルトガル、そしてイタリアでは、選択システムや混合システム（Wahl- oder Mischsysteme）が採用されている。国際会社法上の論議をみると、一段階システム（One-tier-Board）と二段階システム（Two-tier-Boards）とが対置されている[18]――この点に着目するならば、むしろ、保険指令第四二条はこれら二つのタイプの経営機関（取締役と経営管理役）を念頭に置いているという見方が十分に支持されよう。

保険指令第四二条は経営管理役に対しても適用されるという理解の方が、体系的にみても、理に適っている。それでも、文献をひとつひとつ丁寧にみてゆくと、保険指令第二四八条第一項d号から逆推論するというかたちにはなるが、経営管理役が保険指令第四二条の規律対象とされていないという帰結が導かれている。保険指令第二四八条では、保険事業者グループ全体に対する監督権限を有する官庁の権利義務だけでなく、同時に、「当該事業者の管理、経営または監督、これらを担う機関の構成員（„die Mitglieder des Verwaltungs-, Management- oder Aufsichtsorgans des beteiligten Unternehmens“）」が第四二条および第二五七条に定められた規制要件を具備しているか否かを判断する義務も規定されている。この規定の趣旨を考慮すると、――現に、そのようにいわれているが――第四二条第一項が経営管理役に対しても適用されることは明らかであろう。経営管理役に対する規律がすでに第四二条において行われているとすれば、改めて、経営管理役に対する規制を行う必要はない。[19]こうした規定の体系的配置を考慮すると、それでも、資格に関する規制を新たに設け、それによって保険指令第四二条第一項とは内容を異にする趣旨の規定として保険指令第二四八条を解釈することには、反対せざるを得ない。保険指令第二四八条では、グループ全体に対する監督権限を有する官庁の、「第四二条および第二五七条に定められた規制」に関する管轄権が定められているが、[20]第二四八条自体は実体法的規制を行う規定ではない。規律の体系からみても、このように考えることには十分な整合性がある。というのは、保険指令第四二条の適用対象たる保険事業者や再保険事業者はつねに保険指令第二四八条第一項d号に挙げられた参加事業者（beteiligte Unternehmen）として実体法上把握されている（保険指令第二一三条第二項a号）のに対し、第二五七条では持ち株会社に対する実体法的規制が行われているからである。

また、保険指令第二四八条第一項d号では、前述の諸規定の名宛人（規制対象者）が「管理、経営または監督、これらを担う機関の構成員（Mitglieder des Verwaltungs-, Management- oder Aufsichtsorgans）」と表現されているという事実からただちに、管轄権規定という枠の中で名宛人に関する規制範囲の拡大が意図されているという結論を引き出すことはできない。前述した、保険事業持ち株会社の管理、経営または監督（Verwaltungs-, Management- oder Aufsichtsorgan von Versicherungsholdinggesellschaften）という三点セットは、保険指令第二五七条の見出しにも明示されている。この第二五七条では、保険持ち株会社または混合金融持ち株会社の事業を事実上執行する者に必要な要件として、専門的資格および人的信頼性が定められているだけでなく、保険指令第四二条が準用されている。さらにいえば、第四二条が第二五七条で準用されているという事実から判断して、保険指令自体が経営管理役を当該「事業を事実上執行する者」という概念に含めており、「その他の」職務決定権の主体という概念に含めてはいないという理解を支持することができる。ヨーロッパ保険・企業年金監督庁連携委員会（CEIOPS : Committee of European Insurance and Occupational Pensions Supervisors）——ヨーロッパ保険・企業年金監督庁（EIOPA : European Insurance and Occupational Pensions Authority）の前身——も、経営管理役を保険指令第四二条の規制対象たる「事業体を事実上経営する者」とみなしていた。[21]

保険指令第四二条による規制が、第二四八条第一項d号を介して、経営管理役に対しても拡張されるという見方を退ける理由は、もうひとつある。保険指令第二四八条第一項d号の意味での「監督に服する参加事業者（der Aufsicht unterfallenden beteiligten Unternehmen）」ならびに保険指令第二五七条の意味での保険持ち株会社および混合金融持ち株会社に対する規制を、その他の保険事業者および経営管理役会についての資格規制の場合よりも、ずっと厳しくしようと立法者が考えていたと断定する根拠がないという点がそうである。というのは、この規定の沿革をみると、むしろこれとは逆のことが示されているからである。

人的な資格要件に関する規制が行われ始めた当時は、人的規制の範囲は持ち株会社の場合も保険事業者の場合もまったく同じであった。当初、「経営機関（Leitungsorgan）」という見出しのもとに考えられていたのは、持ち株会社の事業を事実上執行する者の資格に関する規制のみであった。[22] 損害保険指令も生命保険指令も、保険事業者の事業を事実上経営する者が備えるべき専門的資格を定めていた。[23] 同一グループやコングロマリットに属する事業者に対する取扱いをほかの事業者に対するそれよりももっと厳しくするために、このような両者の並行的取扱いを廃止すべきであるという見方を支える根拠は何ひとつない。[24] むしろ、保険指令第二五七条の変更後の新しい条文見出し、すなわち、「管理、経営または監督を担う機関（Verwaltungs-, Management- oder Aufsichtsorgan）」という表現をみると、さらに、保険指令第二四八条第一項d号でも、右の意味での三点セットが維持されているところから、相互に関連するこれら二つの実体法規定（第四二条および第二五七条）が対象とする人的範囲はまったく同じだという認識が得られよう。また、前述の三点セットは、二元システムおよび一元システムをまとめて記述するために、ヨーロッパ会社法でも普通にみられる表現である。たとえば、ヨーロッパ会社の定款に関する規則[25]第三八条b号の表現をみると、ヨーロッパ会社は「ひとつの経営管理役会とひとつの経営機関（二元システム）かひとつの管理機関（一元システム）か」のいずれかを有すると表現されている。保険指令第二五七条に付された見出しはこのように抽象的な表現を用いており、二つの経営システムのいずれを採るかという点については、個々の事業者の判断に委ねられている。第二五七条の「事実上執行する（Tatsächlich führen）」という文言と第四二条の「事実上経営する（tatsächlich leiten）」というそれとは確かに異なっているが、それでも、これらの文言は同じように解釈されなければならない。このように考えるのは、他の公用語による表現では、両者の訳語としてまったく同じ単語が用いられている――たとえば英語では、両方とも「effectively run」と表現されている――ことからみても、右のような理解が支持されると思われるからである。この指令が一方では一段階システム（One-tier-Board）における社外取締役の資格を定めながら、他方で、二段階システム（Two-tier-Boards）における経営管理役の資格を定めていないという見方についても、それを支持することのできる明確な根拠はないように思われる。というのは、社外取締役の職務と経営管理役の職務は、職務の内容からみて酷似しており、両者を区別するいわれはないはずだからである。

以上を総合すると、経営管理役は、事業者の事業を事実上経営する者という文言に含めて解釈しなければならない。

（3） 執行にあたるその他の者

ヨーロッパ保険・企業年金監督庁連携委員会（CEIOPS――ヨーロッパ保険・企業年金監督庁 EIOPA の前身）の見解によれば、取締役および経営管理役のほかに、執行にあたるその他の者、特に「幹部社員」も「事業を事実上執行する者」とみなされている。[26]「事業を事実上執行する者」という概念には、高位のレヴェルで判断する権限を有し、かつ、取締役や経営管理役が決定した戦略・事業政策を日常業務に置き換える者も含まれる。[27] しかしながら、保険指令の文言をみても、このような見方を正当化できるような根拠はどこにも見あたらない。従来の法状態との対比において、保険指令第四二条を介して人的規制の範囲を拡張するという考え方は、新しい規制対象として、「その他決定権を有する者」という概念を生み出してきた。このように、人的規制の範囲をさらに広げて、取締役よりもずっと下位のレヴェルにある者までも規制しようとすると、規制の重複が生じる恐れがある。規制の重複自体はまだ甘受できるのかもしれないが、それでも、法律要件として設けられた「職務決定権」という概念の解釈に際して、取締役の統制のもとで、経営組織上下位のレヴェルにある者についても、その者が判断を下すという行為の存在を唯一の理由として、いいかえれば、経営組織上下位のレヴェルにある者がみずからは決定権を持たないにも拘らず、その者自身が取締役の判断のもとで間接的にせよ行為しているはずだという仮定に基づいて、職務の範囲を拡大して解釈してもよいということにはならないであろう。

（4） その他の決定権者

職務決定権という概念の定義は、制定法のどこにも見出されない。考慮事由三三によれば、「職務決定権」という概念に含まれるものは、ガヴァナンス・システムに含まれる職務（Funktion）のすべてであると考えられている。保険指令第一三条第二九号では、[28]「職務」という用語が、ガヴァナンス・システムの中で実際の任務（Aufgaben）を引き受ける権限を有する内部的権威（interne Kapazität）という表現で法的に定義されている。保険指令第一三条第二九号によると、このガヴァナンス・システムには、四つの職務が含まれる。すなわち、リスクをとる経営（Risikomanagementfunktion）、コンプライアンス（Compliancefunktion）、内部監査（interne Revisionsfunktion）、そして保険数学関連事項（versicherungsmathematische Funktion）、これらがそうである。考慮事由をみただけでは、保険指令の意味での職務を右の四つの職務に限るという意味で、これらが限定列挙[29]なのか、それとも、この職務という概念を広く解釈する余地を残した例示列挙なのかという点[30]は明らかになっていない。考慮事由三三が述べているように、ガヴァナンス・システムによって把握されたすべての職務が職務決定権という表現に含まれるという理解が成り立つと考えれば、保険指令第四一条第一項第二文が判断基準となろう。同文によれば、透明性のある組織構造や情報転送のための有効なシステムを備えることだけでなく、保険指令第四二条から第四九条までの規定に挙げられた規制を遵守することも、ガヴァナンス・システムの中に含まれている。しかしながら、前述の諸規定をみると、そこにいう「職務」に、保険指令第一三条第二九号に挙げられた職務も含まれるという趣旨がすでに明示されている（第四四条第四項、第四六条第一項二、第四七条第一項一、第四八条第一項および見出し）。これに対して、たとえば、ガヴァナンス・システムに包含される内部統制それ自体は、前述の意味における職務として強調されたかたちでは挙げられておらず、職務の一内容、すなわちコンプライアンスの例として説明されているにすぎない。保険指令の起草者が職務という概念をこのように明確かつ厳格に定義していたという事実からみると、ガヴァナンス・システムの中には、保険指令の意味での「職務」はもはや存在しないという見方を支持することができよう。こうした見方に賛成する理由として、特に挙げられるのが、法的安定性の要請——誰が資格に関する規制の対象とされるかという点についての明確性を事業者に提供すること——である。

以上をまとめると、職務決定権の主体は「取締役よりも下位のレヴェルにある者」だけということになる。取締役はその職務上「当該事業者の事業を事実上経営する者」という文言ですでに把握されており、この者が追加的に一定のガヴァナンスに含まれる職務につき権限を有するか否かという点は考慮されていない。これに対して、取締役より下位のレヴェルでそれぞれの職務を担う者、職務分掌のもとで権限を有する者、保険指令の意味での職務を現に「担当する」かもしくはかつて担当していた者、これらの者に従属している者、これらはすべて、当該職務を担当しているだけということになり、規制の対象から除外される。

2　ドイツ国内法——職務決定権の主体

保険指令は、現行法のもとでは、二〇一二年一二月三一日までに国内法へと置き換えられなければならない。もちろん、ヨーロッパ委員会は、一方で、国内法への置き換えの最終期限を二〇一三年六月三〇日まで延長するとともに、他方で、自国の保険事業者に対して置き換えの期限を二〇一四年一月一日まで猶予し、新しい規定の適用を遅らせることを加盟諸国に認める旨の指令を提案してきた。(31) ドイツ連邦政府は、保険指令をドイツの国内法へ置き換える旨の法律案を公表した（保険事業者監督法草案）。しかし、この法案はまだ可決されていない。というのは、ヨーロッパ法上緊急を要する実施規則という法的行為の内容がまだ明らかになっていないからである。

（1） 現行法

事業経営者（第七ａ条第一項第一文）、それに、保険持ち株会社または混合金融持ち株会社の事業を「事実上執行する」者、これらに関しては、信頼性についても専門的適性についても、原則として、まったく同じ規制が行われている。事業経営者とは、保険事業者の事業執行のためにもしくはその代理のために営業所の全権を委任された者（Hauptbevollmächtigte einer Niederlassung）として、法律もしくは定款により、特定される自然人をいう（第七ａ条第一項第四文）。ドイツ法上、信用制度法第二c条第一b項第四号、第一条第二項第一文におけるのと同様に、保険事業者監督法第七ａ条第一項第一文において用いられている「事業経営者」という概念は、これまで検討してきたヨーロッパ法上の「事業を事実上執行する者」という概念よりもずっと狭い。

これに対して、前述の持ち株会社の事業を「事実上執行する」者という概念については、定義規定が欠けている。とはいえ、立法者はここでも、事業経営者、[32] つまり、取締役または事業執行者の資格を規制しなければならないと考えていた。

保険事業者または保険持ち株会社もしくは混合金融持ち株会社の経営管理役は、保険事業監督法第七ａ条第四項第一文によれば、信頼性を備えていなければならず、統制機能を担い、保険事業者の事業を判断しかつ監督するために必要な専門知識を有していなければならない。

（2） 保険事業者監督法草案

保険事業者監督法草案第二五条第一項第一文は保険指令第四二条第一項にほぼ倣って定められており、見出しの表現にも同じ文言が用いられている。これら二つの規定が適用される対象は、初回の保険事業者および再保険事業者である。保険事業者監督法草案第二五条第一項第一文についていえば、このような理解は、保険事業者監督法草案第八条第一号における保険事業者の法的定義から引き出される。

(1) 取締役

事業者の事業を事実上経営する者、いいかえれば、職務決定権の主体が意味するのは、株式会社および相互保険社団の取締役ならびに当該事業につき営業所の全権を委任された者である（保険指令第一四六条第一項第一文、保険事業者監督法第一〇六条第三項第二文、保険事業者監督法草案第六三条第二項第二文）。「職務決定権の主体」という概念には、保険事業者監督法草案第二五条第二項第二文の意味での事業経営者も含まれる。

(2) 経営管理役

取締役に対する規制を定めた保険事業者監督法第七条第四項——この規定の根拠は、これまでのところ、ヨーロッパ法には見出されない——は、保険事業者監督法草案第二五条では、削除されている。草案の起草者は、経営管理役だけでなく、職務決定権を有するその他の者も保険事業者監督法草案第二五条の規制対象とすることを意図していた。[33] たとえば保険事業者監督法草案第一二条第一項第一号において明らかにされているように、こうした理解は体系的にみても支持することができよう。[34] 特に、保険事業者監督法草案をヨーロッパ法と調和するように解釈するとすれば、——もちろん、経営管理役は「職務決定権の主体」という概念に含まれていないけれども——、保険事業者監督法草案第二五条に経営管理役を含めるという考えには、十分にうなずける点がある。この「専門的適性」という——

新しい――要件は、それ自体、経営管理役を規制の対象に含めるという立場に配慮したものである――もちろん、その解釈にあたっては、個々の経営管理役が担うべき任務の内容に配慮する必要があろう（後述四）。このような見方は、保険事業者監督法草案第二五条の意義や目的に照らしてみると、決して不可能なものとはいえないし、[35] むしろ同条の文言から判断すると、当然のことと思われる。というのは、専門的適性は当該事業者の事業指揮に関するものでなければならないはずだからである。いずれにせよ、比例性原則が指令に対しても適用される（保険指令第二九条第三項および第四項）ことを考慮すれば、専門的資格という概念を弾力的に解釈しなければならないであろう。

(3)　執行にあたるその他の者

保険事業者監督法草案第二五条第二項第一文は「事実的指揮」という概念を適用する対象を、事業経営者だけでなく、当該事業者の事業について本質的な判断を下す者にも拡張している。しかし、このような拡大解釈は、前述のところからして、ヨーロッパ法に違反する。というのは、保険指令では、すでに第三次指令において用いられていた「事実的指揮」という概念がそのような趣旨に拡張解釈されることはなかったからである。その他のレヴェルで事業の執行に従事する者は、その者が「決定権の主体」という概念に包摂される場合に限り、保険事業者監督法草案第二五条に服する。

(4)　決定権の主体

保険事業者監督法草案第二五条は、「職務決定権の内容に対応する任務（Schlüsselaufgaben）」を担う者にも適用される。「職務決定権の内容に対応する任務」という法文上のこの表現はもともと保険指令のドイツ語訳表現に倣ったものであるが、遺憾なことに、肝心の保険指令第四二条それ自体においては、そもそも「職務決定権にいう職務（Schlüsselfunktion）」と表現されなければならなかったという点についての認識が欠けている。このことよりもっとずっと明らかになっている点であるが、保険事業者監督法草案第八条第一一号における「職務決定権にいう職務」という概念の解釈にあたっては、保険指令から直接引き出される定義が同草案第二五条の枠内でも採用されなければならない。これによれば、職務決定権にいう職務は、保険事業者監督法草案第二七条第五項（そこでは、残念ながら、リスク・コントロール業務は挙げられておらず、保険指令におけるのと同様、リスク・マネージメント業務が挙げられている）、第二九条第一項および第三一条に挙げられた事項、および、第三〇条における――遺憾なことに「職務」と表現されていないが――内部監査、これらに限られる。職務決定権にいう職務を有する者と職務決定権にいう職務を担当するにすぎない者との違いは、ヨーロッパ連合法の場合と同様である。

3　中間まとめ

新しい規制としての保険指令第四二条も保険事業者監督法草案第二五条も、誰を規制の対象とするかという点で、曖昧な個所が少なくないということは記憶にとどめて置かなければならないであろう。もとより、取締役、全権を委任された者、それに、経営管理役、これらが「当該事業を事実上指揮する者」という概念に包摂されなければならないという理解は正しい。職務決定権にいう職務は、保険指令第一三条第二九号および保険事業者監督法第八条第一一号に挙げられた四つの職務に限定されている。職務決定権にいう職務の主体は、取締役より下位のレヴェルで同じ事項につき権限を有する者を指す。このようにして、両者の人的適用範囲は明確に区分されている。その他のレヴェルで事実上指揮を行う者も職務決定権の担い手（Schlüsselfunktionsträger）も、右の諸規定の適用対象から除外されている。

（15） *Präve*, in Prölss, VAG, 7. Aufl. 1974, § 7a Rn. 3.

（16） この点は、たとえば英語版では、「key function」と統一的に言い表されている。

（17） *Dreher/Lange*, ZVersWiss (2011) 100, 211, 221 ff.（その理由はなんら述べられていない。）

（18） *Leyens*, RabelsZ 67 (2003), 57-105; *Hopt*, Com. Corp. Gov. 1998, 3-20.

（19） *Dreher/Lange*, ZVersWiss (2011) 100, 211, 222; これに続くものとして、*Grote/Schaaf*, VersR 2012, 17, 22.

（20） 適切にもそのように述べているものとして、*Krauel/Broichhausen*, VersR 2012, 823, 824.

（21） CEIOPS, Advice for Level 2 Implementing Measures on Solvency II: System of Governance, October 2009, Nr. 3.38 und 3.42 ("members of the supervisory body").

（22） 金融コングロマリット指令第一三条（2002/87/EG）、グループ指令第一〇b条（98/78/EG）。

（23） 前述二参照。

（24） グループに属する事業者に対する監督を厳格化することに賛成するものとして、*Dreher/Lange*, ZVersWiss (2011) 100, 211, 221 ff. がある。これについては、むろん、保険指令第二四八条第一項d号に基づく体系的論拠のほかにという並列のかたちだけでなく、グループに対する監督を厳格化するための実質的な論拠が挙げられなければならない。

（25） ABl. 2001 L 294/1, 12.

（26） CEIOPS Advice 2009（前注（21））, Nr. 3.38.; そのようなものとしては、これに対応する信用制度法（Kreditwesengesetz）の規定（第二d条）も挙げられる。これについては、*Schäfer*, in: Boos/Fischer/Schulte-Mattler, Kreditwesengesetz, 4. Auflage 2012.

（27） CEIOPS Advice 2009（前注（21））, Nr. 3.38 Fn. 5.

（28） 考慮事由三二および三〇参照。

（29） これについては、*Dreher*, VersR 2012, 934 f.

（30） これについては、CEIOPS-Consultation-Paper „Draft proposal for Level 3 Guidelines on the System of Governance“ vom Dezember 2010 unter 1.10; Begr RegE BT-Drucks. 17/9342 S. 146; *A. Hasse*, in: *Dreher/Wandt*, Solvency II in der

Rechtsanwendung, Karlsruhe 2009, S. 61, 81 ff.

（31） Kommission, 16.5.2012, Vorschlag für eine Richtlinie des Europäischen Parlaments und des Rates zur Änderung der Richtlinie 2009/138/EG betreffend die Aufnahme und Ausübung der Versicherungs- und der Rückversicherungstätigkeit (Solvabilität II) hinsichtlich des Zeitpunkts ihrer Umsetzung und Anwendung sowie des Zeitpunkts der Aufhebung bestimmter Richtlinien, Art. 1 Nr. 1, KOM(2012) 217（確定版）.

（32） Begr RegE BT-Drucks. 15/3641, S. 55.

（33） Begr RegE BT-Drucks. 17/9342, S. 146.

（34） そのようなものとして、*Krauel/Broichhausen*, VersR 2012, 823, 826.

（35） 参照されるのは、*Krauel/Broichhausen*, VersR 2012, 823, 827（「それ自体、批判に値するというわけではない」）である。

四　資格――「専門的適性および信頼性」

1　ヨーロッパ法上の基準

（1）　専門的資格

保険指令第四二条第一項a号は、職務決定権の担い手が備えるべき専門的資格として、職業資格、知識、そして経験、これら三つを定めている。そのいずれも、手堅くかつ慎重な経営を担保するうえで十分なレヴェルに達していなければならない。この規制は、他の個所ではそれ以上詳しく述べられていないが、ヨーロッパ委員会により概括的には「レヴェル2措置」として、また細目については「レヴェル3措置」としてそれぞれ説明されている。(36) 専門的資格は、経営権限とか保険業務を扱う技術的権限とかというかたちをとっている。(37) もちろん、専門的資格が何か、その定義を絶対的なものとして定めることはできず、この点の判断は当事者の具体的な任務が何か、その内容如何に左右されよう。会議体（取締役会、経営管理役会）のメンバーは二つの次元で評価されなければならない。すなわち、一方において、当該組織それ自体が任務を遂行するという点で「専門的適性（fit）」を備えていなければならず、他方で、当該組織に属する個人が特別にその任務を果たすという点で「専門的適性」を備えていなければならない。(38) このように規制が二重に行われているところから、新たに任用する場合には、そのつど、個人の適性だけでなく、組織全体について適性を備えているかどうかを改めて見直すことが必要となる。

手堅くかつ慎重な経営を担保するという達成目標はヨーロッパ法上新しく、(39) おそらくは金融市場危機を経験することで新たに生まれたものであろう。ガヴァナンスに関する規制を通じて、取締役および経営管理役に関する規制も強化されている。ヨーロッパ法では保険指令第四二条を経営管理役に適用することが主張されているが、たとえ、保険指令第四二条が経営管理役に対して適用されない場合であっても、取締役に関する規制が強化されれば、経営管理役に関する監督規制も一層強まることとなろう。(40)

（2）人的信頼性

これまで説明してきた者は誰でも、人的に信頼されかつ非の打ちどころのない人物でなければならない。重要なのは、誠実さと金銭的手堅さ（健全性）である。これら二つの条件を満たすか否かは、その者の性格、その者の私的行動とビジネス行動、これらに基づいて確認される。その際、刑法上の犯罪歴、金融資産の状況、そして監督法による規制の履歴、これらすべてが顧慮されなければならない（指令草案第二六三条）。この規制は同条が適用される者全員について、一律に適用されるのであって[41]、各自の任務に応じて区別されるわけではない。

2　ドイツ国内法

（1）　現行法

(1)　専門的資格

事業を指揮する者（第七a条第一項第一文）および保険持ち株会社または混合金融持ち株会社の事業を「事実上執行する者」（第七a条第三項）は、いずれも専門的適性を備えることを要する。事業を指揮する者については、保険事業者に相当する事業者のもとで三年間経営の任にあたっていたことが証明される場合、――反論の余地はむろん残されているものの――専門的適性があると推定される。その場合、取締役として「指揮」活動を経験していなければならないわけではない――それは、取締役に任じられていなくても、この要件を充足することができるからである。

経営管理役についてはどうか。株式法第一〇〇条第五項によると、商法典第二六四d条の意味における資本市場で活動する会社、特に証券取引所に上場している保険事業者の場合、少なくとも独立して活動する経営管理役は、企業会計または会計監査（Rechnungslegung oder Abschlussprüfung）の分野で専門知識を持っていなければならないという要件が定められている。会社法はこれ以外にどのような資格基準を備えるべきかについて何も示していない。しかし、経営管理役にどのような資格が求められるかという点は、制定法上、経営管理役という地位が設けられたその趣旨から明らかになる。この地位は、その者の人物を反映するかたちで、実行されなければならない（株式法第一一一条第五項）――その前提には、どの経営管理役も、普通に起こる事業の推移のすべてを独力で理解しかつ公正に判断できるようにするうえで必要な最小限の知識および能力を体得しかつ維持していなければならないという考えがある。(42)

ドイツ・コーポレート・ガヴァナンス基準（Deutschen Corporate Governance Kodex (DCGK)）によれば、経営管理役会の構成に際し、メンバーの全員が、任務を適法に果たすうえで必要な知識、能力および専門的経験を備える必要がある。(43) このコーポレート・ガヴァナンス基準には、株式法第一六一条を通じて、事実上もある種の拘束力が付与されている。この基準は、先年のヘルティ（Hertie）事件判決（ドイツ連邦通常裁判所一九八二年一一月一五日判決（BGH II ZR 27/82 : http://www2.wiwi.hu-berlin.de/institute/im/_docs/CG/hertie.pdf）で求められている内容をそのまま反映したものとなっている。(44)

保険事業者監督法第七a条第四項第一文によれば、経営管理役は、当該事業体が営む事業の統制機能の担当（Wahrnehmung der Kontrollfunktion）、事業の判断と監督（Beurteilung und Überwachung der Geschäfte）、これら二つの業務をこなすうえで必要とされる専門知識を有していなければならない。「専門知識基準（Die Sachkunde als Kriterium）」という文言は貯蓄銀行法（ノルトライン・ヴェストファーレン州貯蓄銀行法（SpkGNW）第一二条第一項）上の表現を採用したものであり、営業法（たとえば営業法第一三a条以下）にも、この文言が見出される。連邦参議院(45)の提案に基づいてこの基準を採用したのは財務委員会である。財務委員会が政府草案のこの個所を変更したのは、意識的に、経営管理役に求められる専門的適性と取締役に求められる専門的適性とを区別するためであった。(46) こうした言回しで述べられているのは特に経営管理役の職務（Aufgaben）の内容であるが、そこでは特に経営経験（Leitungserfahrung）という要件が保険事業者監督法第七a条第一項第三文の推定規定から除外されている。(47)

このように経営管理役に対する規制の水準を取締役に対するそれよりも意識的に低く設定すること——こうした考えは先行文献の一部にすでにみられる[48]——の是非は、本稿の検討対象ではない。むしろ検討されなければならないのは、右に掲げた基準を個々の職務に合わせてどのように修正すべきかという点である。同法の立法理由書によれば、経営管理役は、「現に実行されている事業がどのようなものであるか、その実情を正確に理解する能力、事業体にとって当該事業にどのようなリスクがあるかを正確に判断する能力、そして必要な場合には事業の執行過程に変更を加える能力」、これらを備えるべきものとされている。[49]どのような専門知識が必要かを判断する基準は絶対的なものではなく、[50]相対的なものである。その判断にあたって考慮されるのは、保険事業者（または年金基金）により営まれる事業がどの範囲まで及ぶか、そしてどの業務と組み合わされているかといった観点であり（保険事業者監督法第七a条第四項第二文）、また——連邦金融サーヴィス監督局（Bundesanstalt für Finanzdienstleistungsaufsicht (BaFin)）の説明によれば——当該事業がどのような体系的重要性を備えているかという観点[51]である。

連邦金融サーヴィス監督局は規制の内容を説明書（Merkblatt）において具体的に示している。[52]当該説明書では、形式的な手掛かりとして、専門知識を要する通常業務が挙げられている——監督の対象とされているのは、当該事業体と比較可能な事業体の事業執行における対象事項である。これを補充する実質的な手掛かりとされているのは、たとえば公的管理機関の業務活動である——そこでは、どのような活動も、経済的および法的な観点に基づいて検証されており、互いに従属的な関係にはない。共同決定制度を採用する経営管理役会の労働者代表——日常的事象の経済的・法的な経過に直接関与する者——は、専門知識を有する者と推定されている。専門知識は——連邦金融サーヴィス監督局の説明では——任用後に学修を継続することによっても習得できる——ただし、原則として[53]任用後六か月以内に習得しなければならない。

文献をみると、一部にすぎないにせよ、これよりももっと厳しく、保険の技術面、貸借対照表、財務会計、投資、リスク・マネージメント、人事管理、法（Versicherungstechnik, Bilanzierung, Rechnungslegung, Kapitalanlage, Risikomanagement, Personalführung und Recht）、これらの分野で保険特有の具体的専門知識を持つことが要求されている。[54]

（2）　人的信頼性

取締役および経営管理役には人的な信頼性（Zuverlässigkeit）も必要とされている（保険事業者監督法第七a条第一項第一文、第四項第一文）。信頼性というのは営業法（行政法各論）上の概念（営業法 GewO 第三五条第一項）なので、ここでは営業法で採用されている基準が援用されている[55]——そこでは、もちろん慎重な配慮から、範囲を狭めて、「専門知識を欠くため信頼性を得ていないことが基礎付けられ得る限り」という留保が付されている[56]——しかし、その法律要件中に、専門的適性や専門知識という基準が採用されているために、保険事業者監督法上このような留保を付すことはできない。従前の行動に基づいて信頼性があるかどうかを予測する[57]営業法上のこの判断基準は断定的な表現ではなく（「まったく信頼されていない」というわけではない[58]）、その判断は事案ごとに個々の営業内容に合わせて、それゆえ保険事業者の事業内容に合わせて調整される（営業法第三五条第一項第一文「……この営業に関連して……（in Bezug auf dieses Gewerbe……）」）。信頼性要件を具備するか否かの判断は、その他の要件が具備されているか否かの判断とはまったく切り離して独自の論点として、保険という具体的事業体、事業形式、事業規模、具体的職務、これらを考慮して総合的に判断される[59]——この点は営業法で行われているのと同様である。[60]このような細かな観点と直結しない信頼性欠如事由があるとしても、たとえば、詐欺や背任を理由とする刑事訴追や不誠実な行動があっても、それだけで役員としての活動を排除される例はさほど多くないであろう。これに対し、その他の事由を考えることができるか否かという点は、個別具体的事案の状況に応じて異なり得る。たとえば、過重労働[61]を小規模保険事業者の経営管理役としての活動とみなすことがまだできるかもしれないけれども、過重労働を証券取引所に上場しているコンツェルンの経営管理役の活動とみなすことはできないであろう。また利益相反行為、[62]たとえば二重委任に基づく利益相反行為が経営管理役の行為とみなされるか否かも同様に個別事例に即して判断されなければならない。

取締役に信頼性があるか否かの判断基準が――一部で主張されているように――経営管理役に信頼性があるか否かの判断基準とまったく同じだという考えは、[63]適切にも、否定されている。というのは、取締役が備えるべき信頼性が事業体経営についての信頼性であるのに対して、経営管理役が備えるべき信頼性は事業体経営の監督および統制についての信頼性だと考えられているからである。[64]確かに経営と統制（Leitung und Kontrolle）とは密接に結び付いているので、通例は、取締役が備えるべき信頼性と経営管理役が備えるべき信頼性との間に違いがないようにみえるが、しかし、連邦金融サーヴィス監督局が述べているように、過重労働および利益相反行為の場合には、信頼性の有無の判断上、まったく違いがないということはあり得ないであろう。経営管理役に信頼性がないと判断されるのは、――連邦金融サーヴィス監督局の説明によれば――一般的な生活経験に照らし、その者の個人的な状況からみて、委任された統制業務を用意周到かつ適法に担当することが損なわれているという判断が正当とされる場合である。[65]連邦金融サーヴィス監督局の説明書で挙げられているのは、次の一例のみである。すなわち、事業体のために活動する会議体のメンバーや会議体そのものが監督対象とされた事業体の信用供与者（貸付側 Kreditnehmer）の貸付金を危険にさらしているという場合がそうである。

株式法第七六条第三項には取締役が信頼性を欠く場合が規定されている――保険事業者監督法第七ａ条第四項の枠内でも、信頼性の具備が経営管理役評価事項として挙げられている。[66]

（2） 保険事業者監督法草案

保険事業者監督法草案はそもそも保険指令を国内法化するために「置き換え」のかたちで制定されるべきものである。それゆえ、その内容も保険指令の内容を反映させたものとなるべきである。しかしながら、この草案は、以下の点で、保険指令とは異なっている。

ドイツ法では、信頼性のほかに、追加的要件として、人間的に非の打ちどころがない（persönlicher Integrität）という要件が追加されている。そこでは、信頼性と非の打ちどころがないということと、これら二つの概念を実質的に区別することは意図されていない。「信頼されかつ非の打ちどころがない（Zuverlässig und integer）」という文言はヨーロッパ法秩序でも統一的概念（双子型表現）として理解されている。それゆえ、これら二つの概念のいずれか一方にのみ包摂されるという考えは否定されている(67)。

これと同様に、当事者が、常時、当該要件を充足していなければならないという考えはこの草案では放棄されている。政府案理由書では、信頼されることと非の打ちどころがないこととの区別について説明されていない。連邦参議院は事業組織に関するすべての章で、この点の解釈に矛盾が生じないように、注意を喚起していた(68)。

（1） 専門的資格

ここでは、手堅くかつ慎重な事業体経営を確保するという新たな目標が立てられているが、取締役の資格に関する基準に変更は加えられていない。ここで言及されるのは、この趣旨がすでに会社法によって適用されていたという点のみである。

保険事業者監督法第七a条第四項という従来基準の起草者の見解によれば、経営管理役については「専門的適性」という新しい衣のもとでも旧法と同じことが継続して行われている。[69] 特に経営経験という資格は、取締役の場合と異なり、経営管理役には要求されていない。起草者は、経営管理役の活動を「その他、決定権を伴う職務」とみなし、[70] その結果、経営活動に従事していなかった場合であっても、三年間の経営活動を要求する保険事業者監督法草案第二五条を介入させることなく、旧法の内容を実現しようとしていた。文献で正当に指摘されているように、法律の文言上、経営管理役を当該事業体の事業を経営する者とみなすことが場合により許容されている。保険事業者監督法草案第二五条第二項第一文中の第二例の意味で、経営管理役を、当該事業体の事業について主要な判断を下す権限を付与された者とみなすことができよう。[71] しかしながら、この場合でも、経営管理役は、その職務に関連する、それゆえ取締役に期待されている経営経験と内容を異にする、しかるべき経営経験を有していなければならない（保険事業者監督法草案第二五条第一項第三文および第四文）。[72] ヨーロッパ法に沿った解釈も、同様に、経営管理役を事業経営者とみなすことに賛成している。

経営管理役規制に関する連邦金融サーヴィス監督局の新しい説明書案には若干の修正が含まれているが、保険指令の内容はまだ考慮されていない。[73] 株式法第一〇〇条第五項はこの趣旨を明示的に述べている。そこで強調されているのは、同項所定の、財務会計や会計監査の分野で少なくとも一名の経営管理役が専門的知識を有することという規制がその他の事業体の場合にも目的にかなうという点である。任用後六か月以内に、場合によってはさらに数か月を加算した期限内に専門的資格を取得するようにという点がこの説明書では維持されている。この点は、保険指令第四二条第一項における表現（「常時（jederzeit）」）と合致しておらず、[74] また前述のヨーロッパ会社法上の基準およびドイツ国内の監督法における基準にも対応していない。[75]

経営管理役に求められる専門的資格を経営経験（Leitungserfahrung）と表現するか否かという法律要件の形式的表現の問題を傍らに置くとしても、経営管理役についても――職務決定権の主体全員についてと同様に――その担当職務分野との対応関係が考慮されなければならない。経営管理役は、会社の事業執行を監督する（株式法第一一一条第一項、これと関連するのが保険事業者監督法第三五条第三項第一文である）。それゆえ、経営管理役はヘルティ事件判決の意味で、「通常起こる事業経過のすべてを理解しかつ公正に判断することが……でき」なければならない。[76] 事業組織（ガヴァナンス）についての基準をより厳格に適用すれば、自動的に、その遵守を監督すべき者の資格に関する規制も強化されることとなる。[77] リスク・マネージメントの意義（保険事業者監督法第六四ａ条）を考慮すると、経営管理役のうち少なくとも一名がその分野の特別の知識を持っていなければならず、すべてのメンバーが「基本的理解」をしていなければならないという点が強調されなければならない。[78]

このことは、もうひとつ別の論点、すなわち、個人の資格と会議体全体の資格との関係如何という問題をも生み出している。経営管理役会および取締役会において、個人の資格および会議体全体の資格という双方の視点を取り入れた総合的判断がどのように行われなければならないかという点は未解決のままである。経営管理役について個人の資格と会議体全体の資格とを総合的に判断することは、株式法第一〇〇条第五項および経営管理役規制に関する連邦金融サーヴィス監督局草案に、さらにまたドイツ・コーポレート・ガヴァナンス基準第五・四・一号にも示されている。ヨーロッパ全体をみても、前述のように、このような理解が普及している。[79] こうした理解が定着すれば、経営管理役を適切に選任することはいよいよ難しくなろう。というのは、特定のメンバーの資格の有無だけでなく、他のメンバーが資格を備えているか否かという点についても同時に考慮しなければならなくなるはずだからである。[80] 在任期間が異なれば、さらに追加的な問題が登場する。

（2）人的信頼性

経営管理役規制についての連邦金融サーヴィス監督局の新しい説明書案では、この点につき若干の変更が行われている。[81] たとえば、過重労働が信頼性を欠く理由とされ、利益相反行為をもたらす法律要件事実の範囲も拡大されている。過重労働も利益相反行為もヨーロッパ法にはみられない点である（前述）。どのようにすれば裁量の余地を残すことができるかはまだ明らかではない。ヨーロッパ保険・企業年金監督官庁連携委員会（CEIOPS、ヨーロッパ保険・企業年金監督官庁の前身）の説明が述べるように、経営管理役に信頼性（適性（proper））」があるか否かは過去の行動、たとえば刑法上の事件または金銭がらみの事件、監督官庁の経験または過去の振舞い等に基づいて判断されなければならない。[82]

（36）CEIOPS（前注（21））, 3.47.
（37）CEIOPS（前注（21））, 3.49.
（38）Entwurf einer Durchführungsverordnung, Art. 249 Buchst. c) und d).
（39）あらゆる点に関して、*Dreher/Lange*, ZVersWiss (2011) 100, 211, 221.
（40）*Dreher/Lange*, ZVersWiss (2011) 100, 211, 223.
（41）*Krauel/Broichhausen*, VersR 2012, 823, 824.
（42）BGH NJW 1983, 991–*Hertie*; これらの要件は、今日、会社法では一般に認められている。この点について証明を行っているものとして参照されるのは、*Dreher/Lange*, ZVersWiss (2011) 100, 211, 213 Fn. 8 である。
（43）二〇一二年五月一五日の形式におけるドイツ・コーポレート・ガヴァナンス基準第五・四・一号。
（44）*Dreher/Lange*, ZVersWiss (2011) 100, 211, 215、これにはその余の証明が付されている。
（45）Bundesrat, Stellungnahme zum Entwurf eines Gesetzes zur Stärkung der Finanzmarkt- und der Versicherungsaufsicht, BR-Drucks. 277/09, S. 7.
（46）参照されるのは、Finanzausschuss, Beschlussempfehlung und Bericht, BT-Drucks. 16/13684, S. 13, 29 f., 31 である。

（47） 参照されるのは、Bundesrat, Stellungnahme zum Entwurf eines Gesetzes zur Stärkung der Finanzmarkt- und der Versicherungsaufsicht, BR-Drucks. 277/09, S. 7 である。

（48） *Krauel/Broichhausen*, VersR 2012, 823, 825; *Bürkle/Scheel*, in: Bähr (Hrsg.), Handbuch des Versicherungsaufsichtsrechts, 2011, § 13 Rn. 35; *Weber-Rey*, AG-Report 2009, R353, R354

（49） Finanzausschuss, Beschlussempfehlung und Bericht, BT-Drucks. 16/13684, S. 31.

（50） Kein „abstraktes Expertenwissen“, Finanzausschuss, Beschlussempfehlung und Bericht, BT-Drucks. 16/13684, S. 30.

（51） BaFin, 22.2.2010, Merkblatt zur Kontrolle von Mitgliedern von Verwaltungs- und Aufsichtsorganen gemäß KWG und VAG（これは、二〇一〇年一二月三日付で改訂されている）――http://www.bafin.de/SharedDocs/Veroeffentlichungen/DE/Merkblatt/mb_121203_kontrolle_ar_vr_ba_va.html 参照。

（52） BaFin, 22.2.2010, Merkblatt zur Kontrolle von Mitgliedern von Verwaltungs- und Aufsichtsorganen gemäß KWG und VAG（これは、二〇一〇年一二月三日付で改訂されている）――http://www.bafin.de/SharedDocs/Veroeffentlichungen/DE/Merkblatt/mb_121203_kontrolle_ar_vr_ba_va.html 参照。

（53） 主たる職業が季節に左右される場合、たとえば農業の場合には、例外が認められるべきであろう。BaFin a.a.O., Fn. 1

（54） *Dreher/Lange*, ZVersWiss (2011) 100, 211, 225; 必要とされる法的知識について参照されるのは、*Bürkle*, VersR 2010, 1005, 1008 f. である。

（55） これらの要件について詳細なものとして、*Präve*, in: Prölss, VAG, 12. Aufl. 2005, § 7a Rn. 9–6.

（56） *Marcks*, in: Landmann/Rohmer, Gewerbeordnung, 60. Ergänzungslieferung 2011, § 35 Rn. 58.

（57） *Marcks*（前注（56））, § 35 Rn. 29.

（58） *Marcks*（前注（56））, § 35 Rn. 34.

（59） *Bähr*, in: Bähr (Hrsg.), Handbuch des Versicherungsaufsichtsrechts, 2011, § 12 Rn. 19; *Fischer*, in: Boos/Fischer/Schulte-Mattler, Kreditwesengesetz, 4. Auflage 2012, § 33 Rn. 36; これに反対するものとして（理由欠如）、*Präve*,（前注（15））, § 7a Rn. 9.

（60） *Marcks*（前注（56））, § 35 Rn. 34.

（61） BaFin, 26.4.2012, Entwurf eines Merkblatts zur Kontrolle der Mitglieder von Verwaltungs- und Aufsichtsorganen gemäß KWG und VAG, unter I. 2., http://www.bafin.de/SharedDocs/Downloads/DE/Konsultation/2012/dl_kon_0312_anlage_

entwurf_mb.html

(62) BaFin, 22.2.2010, Merkblatt zur Kontrolle von Mitgliedern von Verwaltungs- und Aufsichtsorganen gemäß KWG und VAG（これは、二〇一〇年一二月三日付で改訂されている）――http://www.bafin.de/SharedDocs/Veroeffentlichungen/DE/Merkblatt/mb_121203_kontrolle_ar_vr_ba_va.html 参照。; BaFin, 26.4.2012, Entwurf eines Merkblatts zur Kontrolle der Mitglieder von Verwaltungs- und Aufsichtsorganen gemäß KWG und VAG, unter I. 2., http://www.bafin.de/SharedDocs/Downloads/DE/Konsultation/2012/dl_kon_0312_anlage_entwurf_mb.html

(63) そのようなものとして、*Kaulbach*, in: Fahr/Kaulbach/Bähr/Pohlmann, VAG, 5. Aufl. 2012, § 7a Rn. 35; *Krauel/Broichhausen*, VersR 2012, 823, 826.

(64) *Bürkle/Scheel*（前注(48)）, § 13 Rn. 36.

(65) BaFin, 22.2.2010, Merkblatt zur Kontrolle von Mitgliedern von Verwaltungs- und Aufsichtsorganen gemäß KWG und VAG（これは、二〇一〇年一二月三日付で改訂されている）――http://www.bafin.de/SharedDocs/Veroeffentlichungen/DE/Merkblatt/mb_121203_kontrolle_ar_vr_ba_va.html 参照。

(66) *Bürkle/Scheel*, § 13 Rn. 36.

(67) 参照されるのは、わずかに CEIOPS（前注(21)）, Nr. 3.50 のみである。

(68) Stellungnahme des Bundesrates, BR-Drucks. 90/12 (Beschluss), S. 4.

(69) Begr RegE BT-Drucks. 17/9342 S. 146.

(70) Begr RegE BT-Drucks. 17/9342 S. 146; これに続くものとして、*Schaaf*, Risikomanagement und Compliance in Versicherungsunternehmen – Aufsichtsrechtliche Anforderungen und Organverantwortung, 2010, S. 242 f.

(71) *Krauel/Broichhausen*, VersR 2012, 823, 827.

(72) そのようなものとしてはまた、*Krauel/Broichhausen*, VersR 2012, 823, 827 もある。

(73) BaFin, 26.4.2012, Entwurf eines Merkblatts zur Kontrolle der Mitglieder von Verwaltungs- und Aufsichtsorganen gemäß KWG und VAG, http://www.bafin.de/SharedDocs/Downloads/DE/Konsultation/2012/dl_kon_0312_anlage_entwurf_mb.html

(74) *Krauel/Broichhausen*, VersR 2012, 823, 828.

(75) 正当にもそのように述べているものとして、*Dreher/Lange*, ZVersWiss (2011) 100, 211, 219.

(76) BGH NJW 1983, 991 – *Hertie*.

（77） *Krauel/Broichhausen*, VersR 2012, 823, 828.
（78） *Dreher/Lange*, ZVersWiss (2011) 100, 211, 216.
（79） CEIPOS Advice 2009（前注（21））, Nr. 3.42; Art. 249 Nr. 1 c Entwurf Durchführungsbestimmungen (nicht veröffentlicht).
（80） 詳細なものとして、*Dreher/Lange*, ZVersWiss (2011) 100, 211, 224 ff.
（81） BaFin, 26.4.2012, Entwurf eines Merkblatts zur Kontrolle der Mitglieder von Verwaltungs- und Aufsichtsorganen gemäß KWG und VAG, unter I. 1., http://www.bafin.de/SharedDocs/Downloads/DE/Konsultation/2012/dl_kon_0312_anlage_entwurf_mb.html
（82） CEIOPS（前注（21））, Nr. 3.50.

五　要約と展望

このように、保険事業者監督法は大変革の時期にある。ヨーロッパ連合の法的行為をみると、支払能力に関する第二指令はまだ具体化の段階にはなく、ドイツの保険事業者監督法も現行法となっていない。取締役、経営管理役およびその他の役員、これらの者に対する規制はどれも現時点では多くの点で不明確である。経営管理役の関与を認めるべきか否かという重要な論点についてさえ激しい争いがあり、また、規制の対象も指令中で挙げられた職務決定権だけなのか、他に拡張される可能性があるのかといった点も激しく争われている。役員よりも下位のレヴェルにある者に対する規制が「対人的監督（Personenaufsicht）」に含まれるか否か、どこまで含まれるかという点もはっきりしていない。これらについて明確化することが望まれる。資格および信頼性に関してどのような基準を設けるべきかについてはさほど問題となっていない。ここでは、職務関連性という概念について広い裁量の余地が与えられている。ヨーロッパ連合全体で採用される将来の措置が、規制内容——立法にあたっては、言語的解釈の余地を残すことが期待されているために、すべてを包摂することはできない——の点で、十分に言葉を尽くしかつ詳細に表現されたものとなるかどうかという点については、もちろん懸念がないわけではない。

現在では「対人的監督」という概念がますます複雑になっている。それゆえ、監督官庁の負担をある程度軽減するために、専門的適性および信頼性という基準（*Fit-and-proper*-Kriterien）を常時満たすという状態を確保するための手続・ガイドライン（Prozesse und Leitlinien）の履行を事業者に義務付けることが実現されるべきであろう（実施規則案第二六三条第一項）[83]。このような手続を踏むことによって、適用される法源（保険指令、保険指令立法のための考慮事由、実施規則、レヴェル三措置、加盟諸国の国内法、加盟国当局のガイドライン）がさらに充実し、保険事業者が個々に有する内部ガイドラインも整備されることであろう。むろん、言葉数をできるだけ増やして詳しく説明しても、それだけで法的安定性も増すといえるという保証はまったくないであろう。

（83） これについては、*Krauel/Broichhausen*, VersR 2012, 823, 828.

保険法分野における学理と実務の架橋者

——ヘルムート・コロサー（一九三四年～二〇〇四年）の軌跡——

Das Versicherungsrecht in Wissenschaft und Praxis:
Helmut Kollhosser (1934–2004)

山内惟介訳

目次

一　はじめに
二　研究者・実務家
1　手続法
2　銀行法・贈与法
3　医事法
4　保険法
三　教育者・司法試験委員
四　法学部教授
五　ミュンスター市民
六　むすび

一　はじめに

ヘルムート・コロサー（Helmut Kollhosser）は、アントン・マティアス・シュプリックマン（Anton Matthias Sprickmann）をもって始められた、ミュンスター大学法学部の歴史を鮮やかに彩る代表的人物の紹介を試みる本書、トーマス・ヘェーレン（Thomas Hoeren）編著『Münsteraner Juraprofessoren（群像――ミュンスター大学法学部の教授たち）』（Münster: Aschendorff, 2014）の掉尾を飾るにふさわしい人物である。シュプリックマンは一七七八年にミュンスター大学の教授に任ぜられたが、三六年間在籍した後、ブレスラウ大学法学部に移籍した。この年代に着目すると、シュプリックマンとコロサーとの間にはおよそ二〇〇年という時間的な開きがあることになる。コロサーがミュンスター大学に奉職したのは一九七〇年のことであった。それから三四年が経過した二〇〇四年に、コロサーは世を去った。その死により、わが法学部から貴重な人材が永遠に失われてしまった。シュプリックマンがミュンスターを去ったのと異なり、コロサーは、ロザンヌ、ギーセン、コンスタンツ、そしてマインツ、これらの大学から寄せられた移籍を求める要請をすべて断り、ミュンスターにとどまったまま、その生涯を閉じた。

もとより、ミュンスター大学法学部に在籍された方々の中に、ミュンスター大学法学部に対してだけでなく、ミュンスター市――むろんこれに尽きるわけではない――に対しても誠実に行動していた者がごくわずかしかいなかったということではない。また、当人の活動期間の長さだけが、研究者であると同時に教育者としても活動してきた者を法学部の看板教授（Leitperson）とみなす重要な要因とされているわけでもない。そうはいいながら、それでも、ミュンスター大学法学部が今日充実した姿を世に示すようになっていることに関してヘルムート・コロサーの力が大きくあずかっていたという点についてはまったく異論がない。彼をこのように評する同僚が彼と同世代の者なのか、彼よりもずっと年下で、わずか数年とか数学期とかというようにごく短い期間しか一緒にいなかった者なのか、ドイツ国内にいる者か外国にある者か、わが大学の法学部の同僚か医学部や経済学部のような他学部の者なのか、それとも、教え子か、裁判官、司法試験担当部局職員、異なる経歴を有する実務家といった人たちなのかといったような、評価する者の属性とはまったく関わりなく、彼が高い評価を受けていることは明らかである。コロサーに対しては、聡明で、幅広い教養の持ち主、ミュンスターに住み着いた誠実な人物という最高の評価が与えられている――コロサーはリーダーに必要な性質と統率力をわが法学部に持ち込み、社会全体の利益を確保することを目指して、「生活に根差した法律学」(1)を標榜し、さまざまなやり方で学問と実務とを結び付けようと努めていた。

いま、彼の活動の軌跡を振り返るにあたり、彼が在職当時、ミュンスター大学法学部を代表する大物教授の一人に数えられていたのはいったいなぜなのかという点があらかじめ明らかにされるべきであろう。というのは、彼自身は、自分がそのような大家の列に数えられることを決して望んではいなかったはずだからである。彼が重視したのはあくまでも事柄の本質そのもの（Sache）であった。彼は、法学部が抱えるさまざまな問題の解決に努めただけではない。彼は、年齢を重ねるごとに次第に関心の幅を広げ、より多くの分野にまたがる研究テーマと取り組むようになり、学際的かつ国際的な架橋を試みていた。また、彼は、契約や裁判等に現れる法律実務の質を高めようとして、大学外でもたくさんの仕事や役割を引き受けていた。もとより、彼はみずからが指導する学部学生への教育にも手を抜くことなく、博士論文および大学教授資格取得論文に取り組む者に対しても身近な相談相手となっていた。こうした八面六臂の活動を行う過程で、コロサーの存在は、知らず知らずのうちにミュンスター大学とその法学部にとって、ますます重要性を帯びるようになり、その結果として、彼の発言が組織の意思形成にとって決定的な力を持つようになったことと思われる。このようにみると、彼に対する好意的な評価の多くはほぼ同時並行のかたちで生まれて来たことになろう。それと同時に、彼は、みずからがすることなすことのすべてを他の者も自己の行動基準として採用するよう、他人に押し付けることは一切なかった。彼が備えていた寛容の精神が彼にそうすることを禁じていたのであろう。彼は、周りの者に対してもまったくといってよいほど上から目線で指導することはなく、助言を与えることもほとんどなかったが、それでいて、弟子に対しても、法学部内の論議においても、いざというときには、彼のやり方がどこでも通用するものと考えていた。

（1） *Großfeld*, Helmut Kollhosser, in: Großfeld/Yamauchi/Ehlers/Ishikawa, Probleme des deutschen, europäischen und japanischen Rechts, Berlin 2006, 211.

二　研究者・実務家

コロサーにとって、学問研究と法律実務とは不可分に結び付いたものであった。世間から隔絶した学者という生き方、つまり、高尚な課題と知的に取り組む者に対して平凡な現実問題の解決を期待されては困るという考え方は彼にとって理想の姿ではなかった。むしろこれとは正反対に、彼は、法律実務との関連性が深いという理由から、彼が取り組んだ複数の専門分野の実定法解釈学も含めて、法律学を研究する価値は極めて大きいと考えていた。法律学がそもそも学問といえるか否かをめぐる論議が近時ふたたび活発に行われているが、そうした論議において、彼は、クラウス・ヴィルヘルム・カナーリス（Claus-Wilhelm Canaris（一九三七年生まれのドイツの私法学者（ミュンヒェン大学）））およびライナー・シュミット（Reiner Schmidt（一九三六年生まれのドイツの公法学者（アウクスブルク大学）））の考えを支持することであろう。右の両名は、こんにち多くの大学で講じられている法律学には存在意義があるという見方を擁護し、トーマス・メェラース（Thomas Möllers（一九六二年生まれのドイツの私法学者（アウクスブルク大学、ジャン・モネ寄付講座）））およびハンス・ミヒャエル・ハィニッヒ（Hans Michael Heinig（一九七一年生まれのドイツの公法学者（ゲッティンゲン大学）））の主張、つまり、法律学は主観的に過ぎるという意味で信頼を置くことができず、客観性を必要とする学問には含まれないとする主張に対抗していた。カナーリスとシュミットはこれら二人の批判者に対して、「（メェラースおよびハィニッヒが法律学に加えた批判には）、彼らが、法律学と実務とが相互に関連性を有するという特殊性を無視しており、その結果、法律学が有する学術的側面が矮小化されているという点で、致命的欠陥がある」と反論していた。また、カナーリスらは、「個別具体的事案における解決結果の中にこそ、法律学の学問的特性が実証されている」(2)とも述べている。コロサーもこうした主張に賛成するはずである。

彼の学問的経歴をみると、最初から、その位置取りが明確に示されていることが分かる。というのも、彼はマインツ大学において、指導教授ヨーゼフ・エッサー（Josef Esser（一九一〇年生まれのドイツの私法学者（テュービンゲン大学）））のもとで完成された法学博士号取得論文において、実務上重要な表見証明というテーマに取り組み、特に裁判例を素材とした研究を行っていたからである――これら裁判例に関する研究成果はのちに彼の著書に取り入れられている。(3)エッサーのもとで過ごした修行時代はコロサーにとって学問的にも個人的にも充実したものであったといってよい。二人は互いの人間性を理解して尊重し合っていた。エッサーは彼の著名な債務法教科書の新版の担当を直弟子のコロサーに委ねている。エッサーはその後マインツ大学を辞し、テュービンゲン大学に移ったが、コロサーはマインツにとどまり、一九六三年から一九六六年までヨハネス・ベァマン（Johannes Bärmann（一九〇五年生まれのドイツの私法学者（マインツ大学））のもとで研究助手を務めた。コロサーは、一九六七年から一九六九年までの二年間、ドイツ学術交流会（Der Deutsche Akademische Austauschdienst e. V. (DAAD)）の大学教授資格取得論文執筆者用奨学金を得て、研究に専念した。彼の場合、マインツは私的な生活においても大切な地であった。彼がオルガマリア夫人と知り合ったのは、マインツ大学法学部の講義用教室で席を同じくしていたためである。結婚後、大学教授資格取得論文執筆中に、二人の息子、長男ペーターと次男フィリップが生まれた。彼はこの大学教授資格取得論文の執筆を一九六九年に終え、そして、民法、商法、民事訴訟法、非訟事件法および手続法総論についての教授資格（venia legendi）を得た。

彼のその後の経歴をみると、注目に値する主な活動分野として次の四点を挙げることができる。そのいずれの分野においても、その現れ方に違いはあるものの、学問研究と法律実務との関連性がきわめて密接であるという点で共通性が見出される。コロサーは、彼自身が学問的関心をもって主体的に取り組んだ多くのテーマだけでなく、また、外部から彼に持ち掛けられた多くの相談をも受け止めて挑戦を続け、学問研究にとっても法律実務にとってもともに高い価値を有する成果を生み出した。

1　手続法

彼の学問研究活動の重点は、大学教授資格取得論文作成中ずっと、手続法に置かれていた。手続法は、実務を深く知っていなければ、およそ研究することができない特性を有する分野である。一九七〇年に刊行された彼の大学教授資格取得論文『Zur Stellung und zum Begriff des Verfahrensbeteiligten im Erkenntnisverfahren der Freiwilligen Gerichtsbarkeit（非訟事件の実体判断手続における手続参加者の地位および概念）』は、同書刊行以前、バラバラに取り扱われ、相当広い範囲にわたって混沌とした状況を呈していたこのテーマに関する基盤的研究書のひとつとなった。知的な挑戦、すなわち、体系化と革新を志向した研究活動を行うことを通して、コロサーは、実務上実践可能な解決策を見出すという課題に、また個々の訴訟手続と特に密接な関係に立つ人々の利益を正当に評価するという課題に熱心に取り組んだ。彼は、――今なお非訟事件に根強く残っている――権威主義的福祉国家論に特有の「時代に逆行する精神」から非訟事件を解放しようと努めた。彼の主張は複数の裁判例において採用されているが、[4]このような実務に対する大きな影響力はすべての大学教授資格取得論文にあてはまるといえるほどありふれた例ではない。一九七七年には、彼の考えがドイツ連邦法務省による非訟事件手続法改正草案に部分的に取り入れられている。[5]この草案は、しかしながら、法務省の引き出しに仕舞い込まれたままになっていた。それから三〇年後、つまり、コロサーの死後数年経った後になってようやく、このテーマがふたたび政府により審議事項として取り上げられるようになった。家庭裁判所法第七条以下の諸規定にみられるが、コロサーの学説の中心的内容が現行法となっているという点はなんら驚くにあたらない。それは、家庭裁判所法政府草案理由書においても彼の著作が、以前と同様に、繰り返し引用されていたからである。[6]

彼の大学教授資格取得論文はマインツ大学に提出された。この論文が刊行された後、コロサーは、テュービンゲン大学、そしてマインツ大学での教歴を経て、ミュンスター大学で長らく講義を担当してきた。ミュンスター大学は、民法、商法および訴訟法の担当教授として彼を招請した。一九七一年に行われた彼の正教授就任記念講義「Vorverständnis und Gesetzesbindung des Richters（裁判官の予断と制定法による解釈上の制約）」は彼のそれまでの研究を大きく発展させたものであった。

それからわずか二年しか経たない時期に、コロサーに注目したのがハム上級地方裁判所である。ハム上級地方裁判所第二〇民事部の非常勤裁判官として、彼はその活動の四分の一に相当する長い年月を過ごしている。彼は、そこでの経験を論文にまとめ、『Festschrift zum 65. Geburtstag und zur Emeritierung von Professor Dr. Hans Kiefner（ハンス・キーフナー教授六五歳生誕記念・退職論文集）』に寄稿している。(7) 要領よくまとめられたこの回顧談は、まさしくコロサーの豊かな人生経験によってのみ生み出されたものであった。裁判官として活動するにあたり、コロサーの考えの根底にあったのは、一方の主張のみを優先するのではなく、双方の主張を取り入れることにより当該事件を和解（Vergleich）により終わらせることであった。(8) しかも、その理由たるや、彼が判決書の起草を面倒だと考えていたからではない。そのような横着な態度はもともと彼が考えていた職務倫理に反するものであって、彼がとる態度ではない。また、和解の準備を十分に進めることは仕事量を常に軽減するという結果をもたらすものでもない。むしろ、すでに長い間にわたって実践してきた彼自身の経験に基づくことであるが、調停（Mediation）をめぐる法政策的論議の結果として、当該手続に参加する当事者双方にとって、和解という自己決定を踏まえた解決の方が、互いに満足度を高め、和解調書作成後に行われる活動において相互の協力が得られやすいということに彼自身が気付いていたというのがその本当の理由である。

2　銀行法・贈与法

ハム上級地方裁判所で彼が担当していたのは、銀行法・保険法に関する事件の控訴審手続であった。この経験が彼の研究活動に対して新しい方向付けを与えることとなった。一九七六年、彼は、ギーセン大学からの招請を断ってミュンスター大学にとどまった。彼は、ミュンスター大学にとどまる事情を述べた理由書（Bleibeverhandlungen）の中でノルトライン・ヴェストファーレン州首相に対し、至急、ミュンスター大学法学部に図書館を建設するよう要請した。この文書では次のように記されている。

〝実務法曹の職務遂行環境が今後ますます悪くなると予想されているところから、ミュンスター大学法学部に開設される新しい民事法共同図書館の中に銀行法・証券取引法・保険法の部門を増設することが緊急の課題であるという点に御留意戴ければ幸いです。ハム上級地方裁判所の非常勤裁判官として、当職は今後もこれらの分野を担当する予定です[9]。〟

彼は、その後もハム上級地方裁判所に非常勤裁判官として勤務し、これらの分野の事件処理にあたった。信用保証（消費貸借）法は彼の研究業績の中で引き続き重要な地位を占めていた。学問的な観点からみた分類基準では、これらの書籍類は銀行法ゼミナールの図書室に置かれた。その後、保険法部門もこれに追加された。保険法については後に別の項目を立てて論じることとする。

一九八〇年以降、彼が重点的に研究した分野は贈与法と使用貸借法であった。その契機となったのは、これらの分野の注釈を依頼されたことにある。彼は『Münchener Kommentar zum Bürgerlichen Gesetzbuch（ミュンヒェン版民法典注釈書）』の贈与と使用貸借に関する項目の執筆を担当したが、担当した個所は四度、版を重ねた。彼は他の注釈書で書かれているような書き方を採らなかった。租税法との関連を十分に考慮しなければ、法律実務を正しく反映させて贈与法の注釈を行うことはできないというのが、彼の場合、当然の前提であった。彼は、贈与法についてのみならず、贈与税法についても注釈を難なくこなしていた。贈与に関する彼の論文の多くはこんにちでも重要性を失っていない。その一例が、「Ehebezogene Zuwendungen und Schenkungen unter Ehegatten（婚姻内相互援助と夫婦間贈与）」[10]である。

3 医事法

一九七八年になると、彼が法律実務への影響力を持っていたことを看取できるもうひとつの新しい分野がここに加わる。一九七八年に、コロサーは、Ethik-Kommission der Ärztekammer Westfalen-Lippe und der Medizinischen Fakultät Münster（ヴェストファーレン・リッペ地区医師会・ミュンスター大学医学部合同倫理委員会）の委員に就任した。彼は、ドイツ連邦共和国全体をみても最初の例となったこの倫理委員会の創設に加わり、薬の効能に関する実験、被験者に関する保険、患者および被験者に対する保護、これらに関する法律問題の解決とその制度化に取り組んだ。長期間にわたった活動の成果の一例を挙げれば、彼が参画したForschungsstelle für Bio-Ethik an der Universität Münster（ミュンスター大学生命倫理学研究センター）の創設がある。このセンター——その名称は、現在、Centrum für Bio-Ethik（生命倫理学センター）に変更されている——は、医学者、法律学者、生物学者、そして神学者により構成されており、設置の目的は、倫理的・法的な問題を生ぜしめることなく、医学的・生物学的な研究を推進することにある。ミュンスター大学医学部は、二〇〇三年に、ヘルムート・コロサーに対して彼が果たした大きな貢献を称え、名誉医学博士の学位を授与した。

4 保険法

裁判官としての経験を通じて学問的な刺激を受けたコロサーは、その後、保険法分野の研究に比重を移すようになった。その後の研究業績をみると、保険法が特に大きな比重を占めていることが分かる。そのことは彼の研究の重点が、当初の出発点であった訴訟法の研究から実体法のそれへと移ったことを意味する。訴訟法の研究が行われる場合でも、その後の数十年間における彼の一連の研究テーマが示す通り、実体法を補充する上で必要な事項に限られている。もとより、それは、あくまでも実体法上の権利を主張し尽くす上で必要とされる補助的手段という訴訟法の体系的な位置付けが考慮されているという意味で、訴訟法だけが突出して過大に評価されていないためである。

コロサーは、彼に特有の研究手法、彼なりの抑制の効いた表現、彼本来の徹底性、これらを手段として用いて、保険契約法（民事法、規制される側）および保険監督法（行政法、規制する側）の全般にわたって研究を深めていった。その成果はすぐに現れている。彼は、プレルス（Erich R. Prölss）編保険監督法注釈書『Versicherungsaufsichtsgesetz: VAG Hauptband mit Europäischem Gemeinschaftsrecht und Recht der Bundesländer』の編者兼共著者となっただけでなく、プレルス／マルティン（Erich R. Prölss/Anton Martin）編保険契約法注釈書『Beck'sche Kurzkommentare, Bd.14, Versicherungsvertragsgesetz』の共著者にも選ばれていた。

コロサーは、ハム上級地方裁判所での経験を通じてすでに確立されていた学問研究と法律実務とを結び付けるというやり方を保険法の分野でも推進しようとした。仕事を通じて得られた人間関係と私的なそれとが基盤となったことであろうが、一九八九年にまず、ミュンスターの保険会社（Versicherungswirtschaft）、保険代理店（Vermittlerschaft）および弁護士会（Anwaltschaft）、これらの出資によってForschungsstelle für Versicherungswesen（保険制度研究センター）が、それとともに同センターが運営するFörderverein（振興社団）がというように、二つの団体が設立された。振興社団の社員資格を取得すること、そして、そうした資格の取得を通じて実務との結び付きを強めること、これら二つがコロサーにとって何よりの優先課題とされた。彼は最優先でこれらの課題に取り組んだ。これらが設立された一九八九年に、彼はサヴァティカル・リーヴを取得し、三か月以上も時間をかけてこの主題に関する報告書を作成した[11]。この作業が行われている間にも、出資者の数は増え続け、結果的に、ドイツ全土の保険会社の大多数、多くの代理店、それに多数の弁護士会や多くの弁護士たちがこれに参加するようになった。

コロサーは、すでに一九八二年の時点において、研究発表の場としてMünsterischer Versicherungstag（ミュンスター保険研究大会）を立ち上げていた。この会議は、その後こんにちに至るまで、ドイツ連邦共和国全域をカヴァーする保険法分野の有力な学会とみなされている。コロサーは、毎年、この大会の場で、研究者と実務家が互いに知り合う機会を持てるように働きかけていた。一九九〇年に、彼は新たな研究成果発表の場としてSchriftenreihe der Forschungsstelle（保険制度研究センター叢書）という名の叢書を創刊した。彼の配慮によりこの叢書に収録された成果はこれまでに約一〇〇冊を数えるに至っている。最後の仕事として、コロサーは、ドイツ連邦法務省に設置された保険契約法改正委員会の委員に就任した。同委員会は、二〇〇一年以降、多数の会議を開催し、二〇〇八年に保険契約法の大改正を準備した。この仕事も彼にとっては重要なものとなった。この委員会は、誰もが時間の経過を忘れるほど居心地の良いものであったという点で、立法作業を担当する他の多くの委員会とはかなり異なるものであった。学者と実務家との間で密度の濃い議論が交わされたことによって、ほとんどの部分においてまったく新しい規定が設けられたことにより、現行の保険契約法は完成度の高いものとなっている。

学問的関心における幅の広さによって、またその研究活動が日常的社会生活と深く関わっているところから、多くの人々がコロサーに鑑定人、助言者、さらに仲裁人としての役割を期待した。この点はなんら驚くにあたらないであろう。彼はドイツ連邦法務省だけでなく、ニーダーザクセン州およびシュレースヴィヒ・ホルシュタイン州からの諮問にも応じていた。重視されていた重要度の高い事柄をひとつだけ挙げると、公法上、保険に関する制度を改正するための方策如何といったたぐいの問題がそうである。彼は、一八七七年に設立されたWestfälische Landschaft（ヴェストファーレン地域銀行）からも相談を受け、同行が株式会社へと大規模な組織再編をするように、そして同行の性格が協同組合的なものへと変わるように指導的な役割を果たした。同行はこんにちWL Bank AG Westfälische Bodenkreditbank（ヴェストファーレン地域銀行株式会社・ヴェストファーレン不動産関係信用貸付銀行）という会社となり、ドイツ全土にわたり多数の代理店を有するようになっている。コロサーの助言に基づいて設立された[12]Stiftung Westfälische Landschaft（財団法人ヴェストファーレン地域銀行）はこんにちでもまだ四・六二パーセントの持ち分を保有し、農民によって設立された旧Westfälische Landschaftが所有していた土地を相続している。その目的は「土地空間を公共のために利用するとともに、その生産力を高める」[13]ことにある。コロサーは、豊かな人生経験に基づいて、現代の資本市場が求めるさまざまな要請に加え、利害関係を有する多数の農民の利益をも公正に評価することのできる新たな解決策を見出した。彼は少なからざる企業の要望に応えてさまざまなテーマについて鑑定人として意見書を作成し、また、彼がハム上級地方裁判所での活動で示したように、仲裁人としても調停案を示して、大きな成果を上げた。

遺憾なことに、彼が意図していた学問的活動は、その死によって、もはや実現できなくなっている。学問的指導を受けたその師ベァマンが書いた非訟事件法教科書の新版を世に出すこと、——あるいは驚きをもって受け止められるかもしれないが——執行法や倒産法を視野に入れた信用保証法に関する新たな論文を書くことなどがその好例といえよう[14]。

（2）*Canaris/Schmidt*, Hohe Kultur, in: F.A.Z. v. 6.4.2011. この記事は http://www.faz.net/aktuell/politik/staat-und-recht/gastbeitrag-hohe-kultur-1624499.html に掲載されている（二〇一三年九月一三日最終確認）。

（3）たとえば、BGH NZV 1989, 468.

（4）たとえば、BayObLG NJW 1973, 250; NJW 1973, 2251; BAG NZA 2001, 160; OLG Münhen BeckRS 2010, 25062.

（5）Begr RegE BT-Drucks. 16/6308, S.165f.; そこでは、（一九六一年の）民事裁判権改正準備委員会白書と非訟事件法委員会の非訟事件手続法改正草案（FrGO-Entwurf）が援用されている。後者は、決定基準として、手続参加者概念につきふたたびコロサーの研究に依拠している。

（6）Begr RegE Bt-drucks. 16/6308, S.177–179.

（7）Kollhosser, Erinnerungen an die Zeit als Richter am Oberlandesgericht im Nebenamt, in: FS Kiefner, 1994, S.194–202.

（8）Kollhosser, Erinnerungen an die Zeit als Richter am Oberlandesgericht im Nebenamt, in: FS Kiefner, 1994, S.194, 197 und 202.

（9）一九七六年四月一五日付連邦首相宛て書簡、Univ.Arch.Münster, Bestad 8, Nummer 52668 Bd.1, Bl.92.

（10）NJW 1994, 2313.

（11）*Kollhosser*, Schreiben an der Kanzler v. 1.12.1989, Univ.Arch.Münster, Bestand 8, Nummer 52668 Bd.2, ohne Blattzahl.

（12）グロスフェルトは、コロサーがそこで見出した解決策を「コロンブスの卵」と呼んでいる。*Großfeld*, Helmut Kollhosser, in: Großfeld/Yamauchi/Ehlers/Ishikawa, Probleme des deutschen, europäischen und japanischen Rechts, Berlin 2006, 211, 214.

（13）この点について述べているものとして、たとえば、Kurzporträt de Wl Bank がある。その閲覧については、WL Bank のホームページ、http://www.wlbank.de/medien/3493/original/265/Unternehmerspr%E4sentation_30.05.2011_Graalmann_V21_DE_Vortragsversin-final-m.pdf 参照（二〇一四年九月二四日最終確認）。

（14）たとえば、半期ゼメスター休暇申請の理由に関するコロサーの総長宛て書簡（Schreiben Kollhossers an das Rektorat zur

Begründung von Anträgen auf Forschungssemester, Univ.Arch.Münster, Bestand 8, Nummer 52668 Bd.2 ohne Blattzahl für das WS 1993/94 und Univ.Arch.Münster, Bestand 8, Nummer 52668 Bd.1, Bl.191）参照。

三　教育者・司法試験委員

コロサーが裁判官を兼任するようになったことには十分な理由がある。「わたくしにとって特に重要だったのは訴訟実務を知ることであった。その目的は、わたくしが担当するどの科目でも、講義の中で理論と実務との関連性を説明する必要があったことによる。」と彼自身が述べている。[15] ここでも、社会の現実との結び付きに対する配慮のあったことが改めて強調されなければならない。彼が履修学生に対して求めたことは、社会の実情からみて重要でありかつ実用的であるか否かという点から判断して必要な事柄に限られていた。彼がかなりの程度まで実用面を重視していたという点は容易に推測することができる――そのことは、彼がこのような実践的な活動のためにその仕事量の四分の一を割いていたという事実からも明らかになる。

彼の講義は好評を博していた。牝馬パウラを題材として、ドイツ民法典の総則、債務法および物権法の講義が行われていた。学生たちに提供された素材はどれも実際に世間にみられる事柄ばかりであって、その説明も臨場感を漂わせ、理路整然と完璧に行われていた。彼のゼミナール合宿――合宿地として彼に好まれていたのは「Landhaus Rothenberge（ローテンベルゲ山荘）」であった――は、学生たちにとって、「Prof. zum Anfassen（法律学の初修者にとって最も適任の教授）」――この表現は、彼の七〇歳の誕生日を祝う公式行事における Laudatio（業績に関する賛辞）の中で一番弟子のラインハルト・ボルク（Reinhard Bork（一九五六年生まれのドイツの私法学者（ハンブルク大学）））が用いた表現である――と呼ばれたコロサーと個人的に知り合う場でもあった。まだ整地されていない草原で一緒にサッカーに興じたり、――彼の言い回しでは、彼自身、まったく音楽の才能がなかった（「わたくしは、そうした理由で、音楽の授業から逃げ出した。」）にも拘らず――ギターやオルガンを演奏する学生たちをその気にさせたり、また朝になると、起床の合図として狩猟用の角笛が鳴らされたりしたものである。コロサー夫人には内緒にされていたことであろうが、彼は、ユーゲント・シュティール（「青年派様式」、「青春様式」――一九〇〇年前後にドイツ語圏でみられた世紀末芸術の傾向で、フランス語圏のアール・ヌーヴォーに対応するもの）と呼ばれる様式で飾られたこの建物の正面玄関の前に屯する学生たちとひと時を過ごし、お互いに「せしめた」巻煙草をくゆらし、同意を求める目配せをしながら語り合い、息抜きをしていたこともある。

法学教育用の教材を整えることも、彼にとっては、大いに意味のあるものであった。彼は一五年にわたり、学生向け法律雑誌「Juristische Arbeitsblätter（法務雑誌）」の編集作業に加わり、たくさんの教材用原稿を寄稿した。最も有名な解説記事は、「Der Kampf ums Zubehör（従物を得るための闘争）」(16)である。彼は、長年にわたって、ミュンスター大学が設けた司法国家試験受験コースでの指導を受け持ち、入学直後の最初の学期から司法国家第一次試験に合格する最後の学期まで、ずっと通して、学生たちの相談に乗っていた。彼が司法国家試験の出題を担当する試験委員を務めていたとき、彼は「sachlich und sehr angenehm（事柄の本質を十分にわきまえた、しかも最も適任）」の試験委員だとみなされていた。彼が試験委員として適任であったことを証明するような言回しがある。「明確な問題提起」、「個別具体的事案との関連性の深さ」、「よき道案内」といった表現がそうであるが、彼の場合、圧倒的に、「親切だ」という評判が立っていた。彼の成績評価の付け方は「適切」なものであり、およそ「厳しい」というにはなじまないものであった。試験の前になると、彼は好んでこう説明したものである。「君たちは間違った答えを書いても一向に構わない。ただ、間違った答えを書くだけでなく、同時に、正解をも述べなければいけない。大事なのは、間違った記述よりも正しい記述が多くなればいいということなのだ。」と。

彼を指導教授と仰いで、彼のもとで博士論文を執筆しようとした者の数と比べると、彼の講義を履修した学生の数ははるかに多かった。彼は、口述試験が終わったすぐ後でも、多くの受験生の質問に答えて、彼らが「まともに考えられる」よう、懇切な指導を行った。彼の指導を受けて法学博士号取得論文を執筆した者の数は一四〇名を超えている。そのうちの約二〇名は女性である。どちらかというと、経済学部の講座ではごく普通に行われていることであるが、それと同じように、彼も指導の成果を示す意味で、教え子たちについての記録を残している。そうした記録に基づいて彼が確認したところでは就職という点では、教え子の多くは成功者に属していた。彼は、長期にわたって彼らと適度に連絡を取り合っていた。その多くは手紙による交信の形で行われていた。

彼の教えを受けて大学教授資格取得論文を執筆した者は四名を数える。(17) コロサー一門について語ろうとする場合、誰もが無意識のうちに気付くことであろうが、およそ普通の意味で、一門という言葉が示すような際立った特徴というものはコロサー一門には見られない。とはいえ、「コロサー一門」が成し遂げてきた学問的成果を改めてみると、一様に看取されるが、きわめて複雑な思考回路が明確かつ正確に表現されているだけでなく、言葉のインフレーションによって生み出され、用いられるたびごとに、より多くの事柄を内包するという意味で膨張に膨張を重ねるマジック・ワードが用いられることの問題性も指摘されている。「思索の過程を簡潔に表現すべきであるという考えを持っていなければ、十分とはいえない。」という表現は何度も引用されるコロサーの決まり文句である。彼自身も、みずからがその良きモデルとなるように行動し、新たな問題提起や新たな課題に対して常にオープンな姿勢を示し、現実の生活を反映させた研究活動となるように努め、勤勉に励んでいた。「よき法律家は、週末を含め、一週間に六〇時間は仕事をする。」というのが彼の口癖であった。彼の態度を真似て、教え子のうち五名が大学教授となっている。(18)

（15） *Kollhosser*, Erinnerungen an die Zeit als Richter am Oberlandesgericht im Nebenamt, in: FS Kiefner, 1994, S.194.
（16） JA 1984, 196–202.
（17） Reinhard Bork, Universität Hamburg, Thomas Hoeren, Münster, Michael Reinicke, Universität Wuppertal, und die Verf.
（18） 前注（17）に挙げた者のほか、Peter Witte, Fachhochschule des Bundes, Münster がいる。

四　法学部教授

コロサーは法学部における仕事の分担を決して面倒な二次的雑務とみることなく、当然なすべき仕事の一部であると考えていた。法学部で担当した仕事は確かにどれも負担になるものではあったが、コロサーは決してそれらをおろそかにすることなく、彼特有のまじめさを発揮し、それらに積極的に取り組んだ。自分も組織の仕事を分担するという彼の心がけの源泉は、子供時代に培われたものであったことと思われる。第二次世界大戦中、そして父――彼の父はロシアで戦時中に捕虜となり、亡くなった――の死後、コロサーは、兄弟とともに、郷里、ルール地域の小村、Grundschöttel（Wetter (Ruhr)）で母を助け、父母が営んでいたパン屋の仕事を手伝っていた。みんなと一緒になってひとつの仕事に取り組むこと――このことはむろん個人的欲求を捨て去ることを意味する――、このことを彼は子供の頃から経験していた。ミュンスター大学とわが法学部は、彼のこうした態度によってしばしば窮地を脱してきた。

一九七〇年にミュンスター大学に着任するとすぐ、コロサーはFachbereichsrat（法学部評議員会）、Fachbereichskonferenz（法学部協議会）、Konvent der Universität（ミュンスター大学学生集会）、Satzungskonvent der Universität（ミュンスター大学寄付行為制定委員会）、これらの委員に選ばれた。最後に挙げた委員会は――コロサーが彼の研究時間を確保するためにサヴァティカル・リーブを求める旨の要望書に書いていたところをみると――、最初の二年間だけで六〇回以上も開催された[19]。彼は、最後のKurator（大学事務局長）を務めていたオズヴァルト・フォン・フュルステンベルクのもとに置かれていた従前のKuratorialverwaltung（大学事務総局）、Rektor（総長）のもとに設けられたakademische Selbstverwaltung（学術自治組織）、これら二つの会議体をどのようにすれば新しいVerfassung（基本規定）のもとに統合することができるかという課題に取り組んだ。というのは、ミュンスター大学は、ラインラント州立の諸大学とは異なり、一九七〇年のノルトライン・ヴェストファーレン州大学法に基づいて新しいVerfassungを策定するという課題を解決しなければならなかったからである[20]。コロサーはこの仕事に大きく貢献した。

通算六八回目の改築がミュンスター大学で行われたこの時期、管理業務に従事していたため、着任後最初の二年に研究の成果を何も公表できなかったということを、彼は、たいていは反省の意を込めて、学生たちに話していた。彼の著作目録をみてもこのことは確認できないが、それでも、一九七〇年から一九七三年にかけて、ミュンスター大学とわが法学部の仕事を分担するために、彼が研究活動を棚上げにしていたことが分かる。彼自身はこの点について次のように記している。「Satzungskonvent（寄付行為制定委員会）の、なかなか捗らない会議の準備をし続けるためにかなりの時間が費やされた[21]」と。コロサーの人柄を知悉している者であれば誰でも、こうした表現でさえかなり控えめな言い方であることに気付くであろう。彼は会議の準備を几帳面に進め、この場合もそうであったが、規定の整備が話題となるときはいつでもじっくりと検討を重ね、複数の解決案、論拠、反論、これらを用意していた。大学の

Gremiensitzungen（専門委員会会議）が開かれる前になるといつも、何度も同僚から電話が掛かっていたこと、議題に関わる多くの論点についてどうすれば彼らに賛成してもらえるかという点についてコロサーが同僚に尋ねていたこと、これらをコロサー夫人は伝えている。

「スケジュールを立てることが困難な」時期をようやく脱した後、コロサーは一九七三年から一九七四年にかけての一年間、法学部長に就任した。この時期、大学を取り巻く状況は確かに落ち着いたものではあったが、それでも、彼は学生数の度重なる増加に対処する仕事に追われた。コロサーを中心として、この点に関するプロジェクトが設けられた。Rechtswissenschaftliches Seminar（法学部学生図書室）の再編成に際して行われた刑事法部門の独立(22)と民事法諸部門の統合がその好例である。

コロサーがミュンスター大学正教授に就任した当時、法学部では——法学部はその当時まだ当初のFakultät（法学部）の姿を残していたものの、その後の一時期、Fachbereich（法学群）へと組織替えが行われた——民事訴訟法分野で独立した研究所を設けることが認められていなかった。そのため、当時のコロサーにはInstitutsbibliothek（蔵書を整えた研究所図書室）が用意されておらず、利用することができたのはHandbibliothek（辞書類を中心としたレファレンス用図書室）だけであった。このため、コロサーはRechtswissenschaftliches Seminar（法学部学生図書室）に所蔵されるべき民事訴訟法関係図書の充実に貢献した(23)。

増え続ける学生数に比してRechtswissenschaftliches Seminar（法学部学生図書室）の規模が小さすぎて、書籍も足りないということがすぐに明らかになった。コロサーは指導力を発揮して、部分的によく整備されていたInstituts- und Handbibliothek（蔵書を整えた研究所図書室と辞書類を中心としたレファレンス用図書室）を統合し、民事法諸部門全体に共通する図書室に衣替えするよう、提案した。このようにして費用の節約が可能となったところから、学生が利用する頻度の特に高い書籍をより多く購入する資金的余裕が生まれた。この大規模計画が実施されたことにより、図書室はこんにちのような姿になった。図書室の所蔵状況等を改善するためにその後も関係者間で協議が繰り返された。ささやかな個人的希望（「……これまで三脚あるソファーに加えてソファーをもう一脚……それにもう二台Stenorette（グルンディッヒ社製の口述速記記録機）を……」）[24]とともに、共同図書室の運営に必要な多額の費用を要求することはコロサーにとって至極当然と思われていた。この費用にはアルバイトを雇うための資金も含まれていたが、遺憾なことに、Handapparat用の費用はいつでも最低額しか認められていなかった。コロサーは、大学の権威を保つために壁一面に高い書架を並べ立てるといった仰々しいやり方を好まなかった。[25] Handapparat（参考資料用図書）の費用は含まれていなかった。彼が必要としたものはどれも――コロサーはこのように言い続けていたが――、学生がいつでも手元で参照することを要する基本的な書籍類であった。

コロサーは、多年にわたり、法学部の民事法関係教員たちの代弁者としての役割を演じていた。対立を解消し、平和的な話し合いで解決するよう努めるコロサーの真摯な姿勢は、彼のたぐいまれな素晴らしい個性のひとつとして、彼の同僚たちによっても強調されている。[26] あらゆる点で実用的であることを求めていたにせよ、彼の温厚さはすべての同僚が感じ取っていたことであるし、彼と深い親交を結んでいた同僚の数も決して少数ではなかった。彼は五〇歳を迎えるまで、教員同士のサッカーの試合に参加していた。彼は、その人たちの間でも正当に評価されていた。ある若い研究者の卵がサッカーの試合中に、大学でその後に研究生活を送ることが危ぶまれるほどの大けがをしたとき、コロサーは、この若い同僚に私信を送り、彼の復帰を期待するという趣旨の学部の希望を伝えていた。この手紙で彼が伝えたかった最も大切なことは、将来どうなるかは何も決まっているわけではなく、未来はいつも開かれているという点であった。

一九八六年から二〇〇三年までの間、コロサーはヴェストフェーリシェ・ヴィルヘルム大学のFörderverein（ミュンスター大学振興社団）の委員を務めた。彼は同大学が抱える諸問題の解決に向けて尽力し、大学に対して運営資金を拠出する人々と個人的なパイプを作り、その結び付きを強めてきた。彼の助けとなったのは、彼が根を下ろし親交を深めるようになったミュンスターの地域社会の人々との結び付きの強さであった。彼はこのFördervereinにおいて長い間、彼の言葉によれば「Lieblingskind（大切な我が子）」と呼んでいたLandhaus Rothenberge（ローテンベルゲ山荘）の管理運営について責任を負う立場にあり、彼自身好んでこの山荘でゼミ合宿を行っていた。この点については、他の個所でも繰り返し述べられている。

コロサーは、法学部の国際交流活動にも従事していた。コロサーはベルンハルト・グロスフェルトおよびディルク・エーラースとともに、評価の高い日本の高等教育機関のひとつである中央大学（東京）との長期にわたる交流関係を維持しようと努めてきた。彼が東京の関係者との間で築き上げた業績を現時点で正確に辿ってみると、――たとえ彼の訪日がおよそ三〇年も前のことであったにせよ――、彼が日本の同僚に対し好ましい印象を与えていたことをわれわれは今でも確認することができる。日本の民法学者・庄菊博氏と一緒に行った富士登山は彼にとって思い出深いものであった。彼は、ミュンスターを訪れる日本の学者たちを、オルガマリア夫人とともに、最大限の寛大さをもってもてなし、近隣の各地を案内しながら、彼らがミュンスターおよびドイツになじめるよう気を配っていた。コロサー夫妻と中央大学の山内惟介・春恵夫妻との間には深い信頼関係が築かれている。ディルク・エーラースは、ヘルムート・コロサーについて「ドイツと日本との対話は彼が最も気にかけていたことであった」と記している。[27]

（19） Schreiben Kollhossers vom 2.11.1972 an das Ministeriums für Wissenschaft und Forschung des Landes NRW, Univ.Arch.

Münster, Bestand 8, Nummer 52668 Bd.1, Bl.62.

（20） *Jeismann*, Die Bildungsinstitutionen der Statdt Münster seit 1945, in: *Jakobi* (Hrsg.), Geschichte der Stadt Münster, Band 3, 3.Aufl. 1994, 177, 199f.

（21） Schreiben Kollhossers an das Ministerium für Wissenschaft und Forschung des Landes NRW v. November 1972, Univ.Arch. Münster, Bestand 8, Nummer 52668 Bd.1, Bl.62.

（22） Schreiben Kollhossers an das Ministerium für Wissenschaft und Forschung des Landes NRW v. 31.1.1974, Univ.Arch. Münster, Bestand 8, Nummer 52668 Bd.1, ohne Blattzahl.

（23） Schreiben des Dekans der Juristischen Fakultät an den Kurator der Universität v.2.3.1970, Univ.Arch.Münster, Bestand 8, Nummer 52668 Bd.1, Bl.29.

（24） Vermerk des Kanzlers v. 9.3.1976, Univ.Arch.Münster, Bestand 8, Nummer 52668 Bd.1, Bl.87.

（25） Schreiben Kollohossers an den Kanzler v. 28.4.1976, Univ.Arch.Münster, Bestand 8, Nummer 52668 Bd.1, Bl.111; Schreiben des Kanzlers an Kollhosser v. 28.7.1976, Univ.Arch.Münster, Bestand 8, Nummer 52668 Bd.1, Bl.128; .Schreiben Kollohossers an den Kanzler v. 21.1.1981, Univ.Arch.Münster, Bestand 8, Nummer 52668 Bd.1, Bl.167.

（26） *Großfeld*, Helmut Kollhosser, in: *Großfeld/Yamauchi/Ehlers/Ishikawa*, Probleme des deutschen, europäischen und japanischen Rechts, Berlin 2006, 211.

（27） *Ehlers*, Vorwort zu: *Großfeld/Yamauchi/Ehlers/Ishikawa*, Probleme des deutschen, europäischen und japanischen Rechts, Berlin 2006.

五　ミュンスター市民

コロサーは三四年にわたり、ミュンスターに住み続けた。ミュンスターの場合、町と大学との関係は、大学が町の中に溶け込んでいるという意味で深い関係にあり、ケィンブリッジのような典型的大学都市がそうであるように、別々に切り離されたものではない。伝統的な大学都市にあっては、都市を意味する「town」（世俗の世界）とその着用により大学関係者であることが暗示される「gown」（純粋アカデミズムの世界）とが、歴史的な制約を受けてしばしば正反対の立場をとってきたため、社会的な緊張関係が生み出されてきた。ミュンスター大学の教授陣は、社会的色彩を帯びたサークル、クラブなど、各種の団体に加入し、一緒になって積極的に活動してきている。このことは、快活で社交好きといわれたコロサーとオルガマリア夫人について特にあてはまる。彼は長年にわたり、一五一四年に創設され、ドイツ最古の歴史を誇る民間のクラブ、Zwei-Löwen-Klub（双頭獅子会）の会員であっただけでなく、同時にワインに関する豊富な知識のゆえに、ワイン貯蔵庫の管理業務も担当していた。このような活躍の背景には、彼の公務と関わるたくさんの事業を企画していたロータリー・クラブでのいくつかの出会いがあったことと思われる。コロサーの趣味はMünsterland（ミュンスター市の周辺に展開する平原）をサイクリングすることであり、また居住地のRoxelではジョギングをすることであった。こうした運動をしていても、彼はまだ満足してはいなかった。休暇に入ると、コロサー夫妻はマッターホルン、モン・ブラン、モンテ・ローザ、ベルニナ山頂、そして――前述したように――富士山への登山に挑戦していた。

六　むすび

ヘルムート・コロサーは二〇〇四年に世を去った。それは、同年四月に八〇名を超える寄稿者によって贈られた彼の古稀記念論文集、『Recht und Risiko: Festschrift für Helmut Kollhosser（保険とリスク――ヘルムート・コロサー先生古稀記念論文集）』の贈呈式が催され、一〇〇名ほどの参加者によって彼の古稀を祈念する祝宴が開かれてからさほど経っていなかった時期であった。どのように表現すれば、彼を一言で言い表すことができるだろうか。また、何が彼をミュンスター大学法学部の花形教授に押し上げたのだろうか。そして、ヘルムート・コロサーのような大学教授たるべし、と今でもミュンスターで語り継がれているのはなぜなのだろうか。どんな職業に就いていても、人々の生活はその内容においてきわめて多岐にわたることであろう。

その反映として、どの職業にも多くの観点と課題がつきものである。それでも、自分の職業に完全に没頭してさえいれば、コロサーのように行動したことになるのだろうか。世界を広い視野でとらえ、旺盛な好奇心を持ち、新しいことに対して偏見を抱かず、寛大な姿勢を示す、こうした態度をとったうえで、主題の選択や行動の実際においてその地に特有の事象を扱い、その地に根を下ろし、安定性を保ってさえいれば、コロサーのように行動したことになるのだろうか。所属する組織のことを考え、責任感を持ち、バランスのとれた制度を保有し、互いに手を携え合って、真っ直ぐに本質に迫り、清廉潔白に行動し、首尾一貫性を保っていれば、コロサーのように行動したことになるのだろうか。むろんこれらの問いに対して正解というものは何もない。これらのどの問い掛けに対する回答も、すべて、読者個々人の主体的な判断に委ねるほかはない。

ヨーロッパ連合の消費者保護法、競争法および保険監督法における事業者概念

Zum Unternehmensbegriff im Verbraucherschutzrecht, Wettbewerbsrecht und Versicherungsaufsichtsrecht der Europäischen Union

山内惟介訳

目次

一　はじめに
二　ヨーロッパ連合法上の概念の統一的解釈の是非
三　事業者概念に関する第一次法上の諸基準
1　カルテル法および国家補助法
2　不公正な業務取扱要領に関する指令
3　支払能力に関する第二指令
4　小　括
四　事業者概念決定基準としての行為関連性
1　カルテル法および国家補助法
2　不公正な業務取扱要領に関する指令
3　支払能力に関する第二指令
五　社会保障制度に関する例外
1　第一次法における連結点
2　不公正な業務取扱要領に関する指令
3　カルテル法および国家補助法
4　支払能力に関する第二指令
六　む　す　び

一　はじめに

民間の保険制度（Privatversicherung）と公的な社会保険制度（Sozialversicherung）とを隔てる限界線はさほど明確なものではない。一方で、民間の保険か公的なそれか、民間の保険事業者のうちのどこと保険契約を締結するかといった点を含めて、加入者にどの保険を利用するかの自由な選択権があること、また、疾病保険事業者が独自の判断のもとに保険契約に基づいて加入者から追加料金を徴収していること（ドイツ社会法典第五編第二四二条（SGB V））、これらの状況からみると、法律上の認可を受けた疾病保険事業者（gesetzliche Krankenversicherungen）は、加入者の獲得をめぐって互いに競争関係に立っていることが分かる。この種の競争は、保険という名称のサーヴィス商品を提供する保険事業者の側で、保険料としてどの程度の金額を設定するか、その多寡をめぐって行われるだけではない。保険商品を購入する契約者の側でも、誰と保険契約を締結するかという点を含め、競争を生み出す要因が数多存在するという実態がある[1]。他方で、民間の疾病保険制度であっても、基本料金（Basistarif）に関していえば、公的な社会保険制度と同じようにそれが設定されているという点もある（保険契約上の義務および契約締結強制（Versicherungspflicht und Kontrahierungszwang）につき、保険契約法（VVG）第一九三条第三項および第五項、保険料の金額決定および被保険範囲の決定につき、保険監督法（VAG）第一二条第一a項および第一c項、複数の保険契約間でのリスク配分調整（Risikoausgleich unter den Versicherungen）につき、保険監督法第一二g条）。こうした状況のもとで、ヨーロッパ連合の企業法（Unternehmensrecht）上、社会保険の分野にあっても競争と特に密接な関わりを有する問題のあることが最近のＢＫＫモービル石油事件

（BKK Mobil Oil）[2]で明らかになった。ヨーロッパ裁判所（EuGH）は、法律上の認可を受けた疾病保険事業者を、不公正な業務取扱要領に関する指令（Richtlinie über unlautere Geschäftspraktiken）にいう「事業者」に該当するという判断を下した。ＢＫＫモービル石油は、同社の広告の中で、自社の加入者に対し、他の疾病保険事業者へ乗り換えないように薦めていた。この広告文で述べられていた表現によると、加入者は、新規に疾病保険事業者と保険契約を結ぶ場合、最初の一八か月間は当該保険契約に拘束され、これに違反して、後になって疾病保険事業者を随意に変更するときは、事情に応じて、料金の追加支払義務が生じ、その結果、加入者は「契約終了時に超過払いとなる事態」を甘受しなければならない、とされていた。ところが、ＢＫＫモービル石油は、新規に契約した疾病保険事業者の立場において、自社が追加料金を徴収する場合、保険加入者は特別の解除権（Sonderkündigungsrecht）を有するという点を加入者に対してずっと隠し続けていた。ドイツ連邦通常裁判所（BGH）はこのような不作為が不公正な業務取扱要領に関する指令第六条第一項の意味での「欺罔行為」にあたると解釈し、さらに、法律上の認可を受けた疾病保険事業者がこうした欺罔的記載を行うことが不公正な業務取扱要領に関する指令第三条第一項、第二項ｄ号の意味での「事業遂行行為（Handlung eines Gewerbetreibenden）」に該当するか否かの判断を求めて、ヨーロッパ裁判所に対する提示決定を行った。ヨーロッパ裁判所はこの点を肯定した。

このＢＫＫモービル石油事件判決によって新たな論争が生まれることとなった。それが、ヨーロッパ連合の公正取引法（EU-Lauterkeitsrecht）が採用する「事業者概念（Unternehmensbegriff）」とヨーロッパ連合のカルテル法（EU-Kartellrecht）におけるそれとを合致させるべきか否かという点である。ヨーロッパ裁判所は、すでに二〇〇四年の一般地域疾病保険事業者全国連合会事件（AOK Bundesverband）[3]の裁判において、ドイツで法律上の認可を受けた疾病保険事業者は「事業者たる性質（Unternehmenseigenschaft）」を有しないと判断していた。その後登場した、スペイン疾病保険事業者全国連合会（Federación Española de Empresas de Tecnología Sanitaria (FENIN)）事件[4]においても、ヨーロッパ第一審裁判所およびヨーロッパ裁判所は、二〇〇三年および二〇〇六年にそれぞれが下した裁判の中で、スペインの社会保障制度を管理する機関（Einrichtungen）はどれも「事業者」にはあたらないと判断していた。

この点に関する先行文献をみると、一方では、ゼッカー（Säcker）、ケーディンク（Kaeding）、そして、おそらくはエーベルト・ヴァイデンフェラー／グロモトケ（Ebert-Weidenfeller/Gromotke）もそうであろうが、彼らの著作では事業者概念がそれぞれの分野ごとに異なる意味で用いられており、そうした違いを取り除くにはあたらないと考えられている。[5]他方で、ベッカー／シュヴァイツァー（Becker/Schweitzer）の見解では、これら二つの法分野における事業者概念には違いがなく、せいぜい、当該概念に対する例外をどの範囲で認めるかという点での違いがあるにすぎないと説明されている。[6]これに対して、カイナー（Kainer）は、ＢＫＫモービル石油事件における判旨と一般地域疾病保険事業者全国連合会事件におけるそれとが相互に調和しており、両者の間に矛盾はないとみている。[7]彼は、その根拠を、一般地域疾病保険事業者全国連合会事件の裁判の場合に、当該事業に疾病保険という社会的役割が純粋に認められていた点を除けば、明らかに疾病保険事業者をカルテル法上の事業者とみる余地があるということに求めている。

本稿で検討しようとするのは、ヨーロッパ裁判所のＢＫＫモービル石油事件判決以降、ヨーロッパ連合のカルテル法と公正取引法のそれぞれにおいて、事業者という概念が実際にも異なって用いられているか否か、いいかえれば、各国の社会保障制度を担う保険事業（Versicherungen）を類型化しかつ細分化しなければならないか否かという点である。考察の対象には、ヨーロッパ国家補助法（europäisches Beihilfenrecht）にいう事業者概念も含まれる。ヨーロッパ裁判所のボート法務官（Generalanwalt Bot）は右の三分野（カルテル法、公正取引法および国家補助法）につき統一的概念を用いるよう、提案していた。というのは、事業者という概念を統一することができれば、この事業者概念を用いて、経済法における市場規制規範としての役割を十分効果的に果たすことができると彼が考えていたからである。[8]

ここでの検討は、このほか、ヨーロッパ保険監督法（europäisches Versicherungsaufsichtsrecht）にも向けられなければならない。支払能力に関する第二指令（Solvency-II-Richtlinie）[9]に採用された保険監督に関する諸規定によれば、保険事業者（Versicherungsunternehmen）は、分野ごとに区別されたかたちで、それぞれ包括的な監督のもとに置かれている。これらの規定を通じて、保険加入者（Versicherungsnehmer）も保険契約上認められた請求権を主張する者（Anspruchsberechtigte）もともに国家の保護を受けている。しかしながら、支払能力に関する第二指令をみると、法定の社会保障制度（gesetzliches System der sozialen Sicherheit）のもとに置かれているはずの保険事業者（Versicherungen）がその適用範囲からすっかり除外されてしまっているという現実がある。

右に触れた諸点がすべて、なかんずく最後に挙げた点が（本稿が収録される論文集『Versicherungsrecht, Haftungs- und Schadensrecht: Festschrift für Egon Lorenz zum 80. Geburtstag』の被献呈者）エゴン・ローレンツ（Egon Lorenz）の関心に沿ったものであれば幸いである。この点に触れるのは、彼自身が保険監督法（Versicherungsaufsichtsrecht）を学問的視点から取り上げていただけでなく、経営管理役会（Aufsichtsrat）の一員として経営実務の視点から保険監督を長期にわたって経験していたこと、さらにその知識と経験を活かして保険審議会（Versicherungsbeirat）のメンバーとして現に関与していること、これらを考慮したためである。

（1） 詳しくは、*Kersting/Faust*, Krankenkassen im Anwendungsbereich des Europäichen Kartellrechts WuW 2011, 6 (10).
（2） EuGH, Urteil vom 3.10. 2013 – C-59/12 (BKK Mobil Oil).
（3） EuGH, Urteil vom 16. 3. 2004 – C-264/01 u.a. (AOK Bundesverband) EuZW 2004, 241.
（4） EuGH, Urteil vom 11. 7. 2006 – C-205/03 (FENIN) EuZW 2006, 600; EuG, Urteil vom 4. 3. 2003 – T-319/99 (FENIN) EuZW

2003, 283.

（5） *Säcker*, Gespaltener Unternehmensbegriff im Wettbewerbs- und Lauterkeitsrecht WuW 2014, 3; *Kaeding*, Anmerkung zu EuGH C-59/12 ZESAR 2014, 88 (89); *Ebert-Weidenfeller/Gromotke*, Krankenkassen als Normadressaten des Lauterkeits- und Kartellrechts EuZW 2013, 937 (940).

（6） *Becker/Schweitzer*, Schutz der Versicherten vor unlauterem Kassenwettbewerb NJW 2014, 269 (271).

（7） *Kainer*, Anmerkung zu EuGH C-59/12 LMK 2013, 353251, unter zutreffendem Hinweis auf EuGH, Urteil vom 16. 3. 2004 – C-264/01 u.a. (*AOK Bundesverband*) Rn. 58.

（8） *Bot*, Schlussanträge vom 4. 7. 2013 – C-59/12 (BKK Mobil Oil) Rn. 32.

（9） 保険事業および再保険事業の開始および実施に関する二〇〇九年一一月二五日のヨーロッパ議会およびヨーロッパ理事会指令二〇〇九年第一三八号（Richtlinie 2009/138/EG des Europäischen Parlaments und des Rates vom 25. 11. 2009 betreffend die Aufnahme und Ausübung der Versicherungs- und Rückversicherungstätigkeit (Solvabilität II) ABl. L 335/1.）。

二　ヨーロッパ連合法上の概念の統一的解釈の是非

ＢＫＫモービル石油事件における最終報告書（Schlussanträgen）において、ボート法務官は、ヨーロッパ連合運営条約（Der Vertrag über die Arbeitsweise der Europäischen Union (AEUV)）上の競争関係規定（Wettbewerbsregeln）に定められた経営（Gewerbetreibenden）という概念およびその同義語、さらに事業者（Unternehmen）という概念、これらと消費者保護法におけるそれらとを統一的に用いることに賛成の意を表明していた[10]。一方における、カルテル法に関する一般地域疾病保険事業者全国連合会事件[11]、スペイン疾病保険事業者全国連合会事件[12]およびへェフナー・エルザー事件（Höfner und Elser）[13]の諸裁判と、他方における、国家補助法に関するヨーロッパ委員会対イタリア事件（Kommission/

Italien)[14]の裁判と、これらの裁判例から、同法務官は、公法上の施設（öffentliche Einrichtung）であっても、それが財貨またはサーヴィス（Güter oder Dienstleistungen）を市場に商品として提供しているときは、これを事業者とみなすという帰結を導いていた。[15] 彼の考察では、「主権という名の優先権の行使を含む（Ausübung hoheitlicher Vorrechte implizieren）」活動、そして、「もっぱら社会的目標を追求する（mit denen ein ausschließlich soziales Ziel verfolgt wird）」活動、これらが法律要件（Tatbestand）の解釈上除かれてしまっている。[16] ボート法務官が述べているように、これと同じ定義は公正取引法においても適用されなければならない。こうした定義を採用することができれば、不公正な業務取扱要領に関する指令の適用が可能となろう。というのは、ＢＫＫモービル石油の事業活動は、消費者に対する関係で行われていたからである。[17]

しかしながら、ヨーロッパ裁判所はこれらの点を考慮していない。ヨーロッパ裁判所がＢＫＫモービル石油事件においてすでに強調していた点であるが、「一方ではヨーロッパ連合法を統一的に適用する必要性から、他方では平等原則（Gleichheitssatz）から……、ヨーロッパ連合法上の諸規定――それらは個々の概念の意味内容およびその適用範囲（Tragweite）を調査するために加盟諸国の法を明示的に指定していない――において共通に用いられている諸概念を、通例、それらの規定が互いに関連性を有すること、そしてそれぞれの規定が固有の目的を追求していること、これらを考慮しながら、ヨーロッパ連合全体において、ヨーロッパ固有の立場から自主的にかつ統一的に解釈しなければならない」[18]という帰結を引き出すことができよう。

こうした言説から何を引き出すことができるだろうか。ここで導かれるのは、まったく同じ文言が採用されている諸規定について、それらに用いられている概念の解釈が加盟国ごとに区々になる結果は避けられなければならないということ、しかし、それでいて、公正取引法およびカルテル法では、またおそらくは国家補助法においても、事業者という概念をまったく同じ意味で解釈しなければならない必然性はないということ、これら二点のみである。「ヨーロッパ連合法上の諸概念を統一的に解釈する旨の原則（Prinzip der einheitlichen Auslegung von Begriffen des Unionsrechts）」[19]は、この事業者概念をヨーロッパ連合の互いに関連する規範のすべてについて統一的に解釈しなければならないという結果を必ずしももたらしてはいない[20]。むしろこの原則は、ある特定の規範に含まれた概念が、それが加盟国法の中にどのようなかたちで取り入れられたかとは一切関わりなく、ヨーロッパ連合域内で統一的に解釈されるということを意味するにとどまる。複数の分野にまたがって共通に用いられている概念を解釈上も統一するという考え方は、それら個々の題材自体から導かれなければならない。しかしながら、事業者概念が域内市場を規律するヨーロッパ経済法の全体にわたって統一的に解釈されなければならないという趣旨の法務官の主張（Argument）について、ヨーロッパ裁判所は何も述べていない。

（10） *Bot*, Schlussanträge vom 4. 7. 2013 – C-59/12 (BKK Mobil Oil) Rn. 32.
（11） EuGH, Urteil vom 16. 3. 2004 – C-264/01 u.a. (AOK Bundesverband).
（12） EuGH, Urteil vom 11. 7. 2006 – C-205/03 (FENIN).
（13） EuGH, Urteil vom 23. 4. 1991 – C-41/90 (Höfner und Elser).
（14） EuGH, Urteil vom 16. 6. 1987 – C-118/85 (Kommission/Italien).
（15） *Bot*, Schlussanträge vom 4. 7. 2013 – C-59/12 (BKK Mobil Oil) Rn. 27.
（16） *Bot*, Schlussanträge vom 4. 7. 2013 – C-59/12 (BKK Mobil Oil) Rn. 28.
（17） *Bot*, Schlussanträge vom 4. 7. 2013 – C-59/12 (BKK Mobil Oil) Rn. 48, 49.
（18） EuGH, Urteil vom 3. 10. 2013 – C-59/12 (BKK Mobil Oil) Rn. 25; so auch schon EuGH, Urteil vom 6. 2. 2003 – C-245/00 (SENA/NOS) Rn. 23.
（19） *Kaeding*, Anmerkung zu EuGH C-59/12 ZESAR 2014, 88 (89).

(20) これと見解を異にするものとして、*Kaeding*, ZESAR 2014, 88 (89). ケーディンクにより引用されているヨーロッパ裁判所のこの判決（EuGH, Urteil vom 6. 2. 2003 – C-245/00 (SENA/NOS) Rn. 23）は、同氏の見解を支える根拠としてこれを持ち出すことはできないであろう。この判決で強調されているのは、すべての加盟国で解釈を統一する（nur die Einheitlichkeit der Auslegung in allen Mitgliedstaaten）ということのみである。この趣旨を同じように示している先例として、EuGH, Urteil vom 3. 10. 2013 – C-59/12 (BKK Mobil Oil) Rn. 25 がある。

三　事業者概念に関する第一次法上の諸基準

1　カルテル法および国家補助法

ヨーロッパ連合のカルテル法と国家補助法は、ヨーロッパ連合運営条約第一〇一条以下で、「競争関係規定」という共通の見出しのもとに規定されている。この章の第一節の表題は「事業者に関する規定（Vorschriften für Unternehmen）」と表現されている――この節に見出されるが、ヨーロッパ連合運営条約第一〇一条および第一〇二条に定められた禁止は、その法律要件をみると、明らかに、事業者または事業者結合（Unternehmensvereinigungen）に向けられている。第二節では、「国家補助（Staatliche Beihilfen）」という見出しのもとに、ヨーロッパ連合運営条約第一〇七条において、一定の事業または生産分野を優遇するような、国家による補助制度を原則として禁止することが定められている。このことから最初に導かれるのが、これら二つの法領域でともに用いられている事業者概念が第一次法においてすでに定められていたという点である。カルテル法と国家補助法とが「競争関係規定」という視点で体系的に関連していることから、事業者概念を統一的に解釈すべきだという主張が是認されよう。これらの規定が掲げる共通の達成目標（Telos）も、こうした統一的解釈の必要性を肯定する論拠として持ち出すことができる。統一的な解釈を行えば、事業者間での経済的競争にねじれが生じないようにすることができるし、こうしたやり方で、生じ得る国家的貿易障壁に代えて、これと種類を異にした、民間または国家による競争の障害および歪曲を阻止することができよう。それゆえ、統一的解釈を採用することは、間接的にではあれ、物品の自由移動、サーヴィスの自由移動および居住移転の自由（Warenverkehrs-, Dienstleistungs- und Niederlassungsfreiheit）の実現にも資することであろう。このようにみると、法律要件中に基準として定められた事業者という表現は、同時に、ヨーロッパ連合運営条約第一〇一条、第一〇二条および第一〇七条にあっては、種々の経済活動を競争に関する諸規定に服せしめる機能を有することになる。(21)

2　不公正な業務取扱要領に関する指令

不公正な業務取扱要領に関する指令は、ヨーロッパ共同体設立条約（EGV）第九五条——今日のヨーロッパ連合運営条約第一一四条——に基づいて発出された。ヨーロッパ連合運営条約第一一四条は、ヨーロッパ議会およびヨーロッパ理事会に対し、域内市場の創設および運営を一層促進することを目的として、加盟諸国の法秩序を相互に調整する権限を付与している。基本的自由の実現に対する障害または競争の歪曲が取り除かれなければならない場合には、域内市場との関連性（Binnenmarktbezug）があるという判定が下される。(22) 不公正な業務取扱要領に関する指令については、基本的自由の実現に対する障害および競争の歪曲、これら二つがともに取り除かれなければならないということがあてはまる。同指令上の諸規定は製品に関わる（Produktbezug）可能性があるので、その場合には、物品取引の自由およびサーヴィス取引の自由の実現に対する障害が取り除かれることとなる。これらの規定は、このほか、ケック判決（Keck-Rechtsprechung）[23]の意味における販売の態様（Verkaufsmodalitäten）をも規律しているため、その場合には、公正取引法上認められた販売態様に違いがあることに対応して生み出される競争上の歪曲を除去することも意図されている（不公正な業務取扱要領に関する指令の考慮事由（Erwägungsgründe）三、四）。公正取引法が定める公正さの度合いが異なることによって、事業者が国境を越えて展開する販売戦略が嵩上げされ、その結果、消費者にとって法的不安定性がもたらされることがある。この点を考慮すれば、競争が歪曲される可能性がある。しかしながら、ヨーロッパ裁判所の先例によれば、――基本的自由に対する障害除去の場合とは異なり――、競争が歪曲されている諸事例において、ヨーロッパ連合運営条約第一一四条を用いて調和を図ることが許されるのは、過度の競争歪曲が除去されるべき場合に限られている[24]。それに対応するかたちで、不公正な業務取扱要領に関する指令では、国家法相互の間に違いがあることが競争の「著しい（erheblich）」歪曲を引き起こす要因となっていることが明示的に述べられている（不公正な業務取扱要領に関する指令の考慮事由三）。

第一次法という点からみると、このほかにも、不公正な業務取扱要領に関する指令の中に、ヨーロッパ共同体設立条約第一五三条第一項、第三項a号――これらの規定は、今日のヨーロッパ連合運営条約第一六九条第一項、第三項a号に対応する――により、消費者保護のための仕掛けが用意されている（不公正な業務取扱要領に関する指令考慮事由一）。しかしながら、著者の理解が正しければ、この規定によって、ヨーロッパ連合運営条約第一一四条に基づく域内市場関係の権限が拡張されているわけではないので、この点は、事業者概念を理解するうえで参考になり得ない――このような説明は、域内市場関係の権限を正しく反映したものではない[25]。

それでも、事業者概念を正しく理解するうえで、域内市場との関連性があることという要件から何を引き出せばよいのだろうか。ヨーロッパ連合運営条約第一〇一条、第一〇二条および第一〇七条においてもそうであったように、第一次法という点からみると、ここでは、物品の自由移動およびサーヴィスの自由移動を実現すること、そして、競争の歪曲を回避すること、これらが大切である。この点を考慮すれば、不公正な業務取扱要領に関する指令をもって把握される活動は、少なくとも原則としては、ヨーロッパ連合運営条約上の競争関係規定をもって把握されるものとまったく同じ活動でなければならないと考えるのが自然であろう。

3　支払能力に関する第二指令

支払能力に関する第二指令は、その第二条第一項第一文に従えば、いずれかの加盟国に現に居住しているかまたは居住することを望む、生命保険事業者および非生命保険事業（Lebens- und Nichtlebensversicherungsunternehmen）に対して適用される。支払能力に関する第二指令は、ヨーロッパ共同体設立条約第四七条第二項、第五五条（今日のヨーロッパ連合運営条約第五三条第一項、第六二条に対応する）に基づいて定められたものであり、域内市場の改良を目標とする。(26) この指令の目的は、特に、基本的自由に対するさまざまな制限を、そしてこれと並行して、競争を歪曲するその他の障害を取り除くことにある（たとえば、支払能力に関する第二指令考慮事由八一、八七参照）。同指令第一三条第一号によれば、保険事業者とは、支払能力に関する第二指令第一四条による認可（Zulassung）を受けていた者、それゆえ、ヨーロッパ連合内において独立して（同指令第一条第一号参照）最初の保険事業または再保険事業（Erst- oder Rückversicherungstätigkeit）を営む事業者をいう。この支払能力に関する第二指令では、事業者概念の定義にまったく触れられていない。それゆえ、この概念も、他の概念と同じように、第一次法（ヨーロッパ連合運営条約第五三条第一項および第六二条）に基づいて展開されなければならない。第一次法においてこの概念によって把握されるべき経済活動とは、その外部的な現れ方（äußeres Erscheinungsbild）[27]からみて、経済成長に資するような、[28]それゆえ、有償で提供されるものをいう（たとえば、サーヴィス概念（Dienstleistungsbegriff）についてはヨーロッパ連合運営条約第五七条）。支払能力に関する第二指令を通じて保護されている主体は、保険事業者と保険契約上の請求権者（Anspruchsberechtigten）である（支払能力に関する第二指令考慮事由一六）。

4 小括

カルテル法と国家補助法、それに不公正な業務取扱要領に関する指令、これらはいずれも第一次法によって根拠づけられているが、どの法源も、目標は競争の歪曲を阻むことにある。これらの法源は基本的自由の実現にも資するものである。このことからみても、事業者概念の統一的解釈を主張することには十分な理由があろう。事業者概念が捉えようとしている対象は、経済活動である。これらの法源と同様に、支払能力に関する第二指令も、基本的自由に対する制限と競争の歪曲を除去することを目的とする。支払能力に関する第二指令の適用対象は、サーヴィスの形式で行われる（in Form von Dienstleistungen）経済活動である。

（21） *Roth/Ackermann*, Frankfurter Kommentar Kartellrecht Stand 01/2009 Grundfragen Art. 81 Abs. 1 EG Rn. 30 m.w.N. zu Art. 101 ff. AEUV; *Cremer* in Calliess/Ruffert, EUV/AEUV 4. Aufl. 2011 Art. 107 AEUV Rn. 25.

（22） *Tietje* in Grabitz/Hilf/Nettesheim, Das Recht der Europäischen Union 51. Ergänzungslieferung 2013 Art. 114 Rn. 97 ff.

(23) EuGH, Urteil vom 24. 11. 1993 – C-267/91 u.a. (Keck) NJW 1994, 121.
(24) EuGH, Urteil vom 5. 10. 2000 – C-376/98 (Tabakwerbung I) Rn. 107.
(25) *Pfeiffer* in Grabitz/Hilf/Nettesheim, Das Recht der Europäischen Union 51. Ergänzungslieferung 2013 Art. 169 Rn. 33; おそらくはこれと異なるものとして、*Rittner/Kulka*, Wettbewerbs- und Kartellrecht 7. Aufl. 2008 Einl. Rn. 36（ヨーロッパ連合が、物品の広告、物品の市場への提供等に関する諸規定（Vorschriften über die Werbung, das Inverkehrbringen von Waren etc.）を公布できるというための唯一の理由は、消費者保護のための権限（Verbraucherschutzkompetenzen）がヨーロッパ連合に付与されているという点にある。）。
(26) 参照されるのは、EuGH, Urteil vom 5. 10. 2000 – C-376/98 (Tabakwerbung I) Rn. 87 である。
(27) それゆえ、この点は、理由書のそれとは異なっている。
(28) *Forsthoff* in Grabitz/Hilf/Nettesheim, Recht der Europäischen Union 51. Ergänzungslieferung 2013 Art. 49 AEUV Rn. 20, 21.

四　事業者概念決定基準としての行為関連性

ボート法務官は、ＢＫＫモービル石油事件におけるその最終報告書において、事業者概念の機能（Funktionalität）に着目することを強調していた[29]。この機能という言葉で考えられていたのは、ある法主体がすべての事案を通じて一般的に事業者という性質を有する旨を決定することではなく、当該事案でその法主体が行ったもののうち、話題とされた個々の活動に注目して、個別の活動ごとに事業者にあたるか否かを判断することであった。その活動（Tätigkeit）が物品やサーヴィスの提供（Anbieten von Gütern oder Dienstleistungen）であれば、そうした提供には事業性があるとみなされる。そうした行為が行われていれば、そのような行為を行った法主体は事業者と認定される。事業者概念は、このように、活動に着目して個別的に決定されるものであり、法主体ごとに抽象的に認定されるものではない。

1　カルテル法および国家補助法

「機能性（funktional）」、「相対性（relativ）」または「行為との関連性（tätigkeitsbezogen）」という視点から事業者概念にあたるか否かを判断しようとするこのようなやり方は、ヨーロッパ裁判所によりヨーロッパ連合のカルテル法分野において認められてきたものである。(30) 一般地域疾病保険事業者全国連合会事件の裁判においてヨーロッパ裁判所が最初に詳論していたのが、社会保障制度の運営に協力している、ドイツの疾病保険事業者が「この場合に限って（insoweit）」純粋に社会的な役割を果たしているという点であった。(31) このことは、その後、次のように、さらに明確に述べられている。

〝しかしながら、疾病保険事業者および当該事業者の名において行動する個人、すなわち、疾病保険事業者団体が、ドイツの社会保障制度管理体制の枠内で（im Rahmen der Verwaltung des deutschen Systems der sozialen Sicherheit）、また、純然たる社会的性質を有する諸課題の枠外で（außerhalb ihrer Aufgaben rein sozialer Art）、社会的な目的ではなく、経済的な目的を有する事業活動を展開していたという点を排除することはできない。本件では、これらによって行われるべき判断（von ihnen zu treffende Entscheidungen）が、おそらくは、事業者または事業者団体の意思決定というかたちで行われていたものと判定されなければならない。(32)〟

国家補助法においても、具体的な活動に着目し、当該活動が経済的性質を有していたか否かという点が考慮されている。[33]

2　不公正な業務取扱要領に関する指令

ヨーロッパ裁判所は、ＢＫＫモービル石油事件の裁判では、カルテル法上の機能的事業者概念（funktionaler Unternehmensbegriff）を公正取引法においても採用するという、ボート法務官の提案に従ってはいない。

ボート法務官の提案に従っていないというよりもむしろ、ヨーロッパ裁判所がまず論証していたのは、第一に、不公正な業務取扱要領に関する指令にあっては、消費者（Verbraucher）概念が事業者概念に対する関係で「二律背反（antinomisch）」に陥っていたという点であった。[34] 二律背反（Antinomie）というのは、論理からみて、論理矛盾を示すような状況で引き出される概念であり、それゆえ、特定された二つの言説が同時にあてはまることがまったくない状況をいう。このことは、消費者と事業運営者（Gewerbetreibender）という二つの概念（不公正な業務取扱要領に関する指令では、事業運営者（Gewerbetreibender）という表現は、事業者（Unternehmen）の同義語として用いられている）の場合にそのままあてはまる。不公正な業務取扱要領に関する指令第二条ａによれば、消費者とは、営業として、手工業として、また職業として（gewerblich, handwerklich oder beruflich）活動していない者をいい、事業運営者とは、右に挙げた内容の活動をしている者をいう。その限りでいえば、ヨーロッパ裁判所はほぼ自明のことを述べているにすぎない。すなわち、不公正な業務取扱要領に関する指令の意味における具体的な取引行為の場合、誰でも一方で事業者として行動していながら、他方で同時に消費者として行動するといったことはできない。ＢＫＫモービル石油事件についていえば、そこではそもそも消費者としての行動はなんら問題になっていない。

第二に、ヨーロッパ裁判所が強調しているように、審理の対象とされた手続案件の具体的な状況をみると、誤った記載を通して消費者がだまされているかもしれないという危険性があった。当該施設（Einrichtung）（本件では、BKKモービル石油）の性質が公的機関であるか民間機関であるか、そして、当該施設により行われるべき特殊な職務（Aufgabe）が何かといった点は考慮されない[35]。ヨーロッパ裁判所がこうした説明をもって捉えた事業者概念は、それぞれの事案において具体的に話題として取り上げられた個々の行為（Handlung）に関連付けられたものであり、法主体が有する地位（Status des Rechtssubjekts）や果たすべき職務の目的（Zweck der Aufgabe）に関連付けられたものではない——尤も、一般地域疾病保険事業者全国連合会事件判決の場合にはこれと異なっている——。ヨーロッパ裁判所は、消費者に対して誤った行為が行われていることという法律要件の存在、そして、事業者概念と消費者概念との二律背反性、これら二点から、性質上、事業者にあたるか否かの判断基準を導き出した。

3　支払能力に関する第二指令

支払能力に関する第二指令の意味における保険事業者とは、保険事業活動（Versicherungstätigkeit）を経済活動として行っている者をいう。このことはすでにして、右の指令の法的根拠が第一次法にあるという点から導かれる。しかし、支払能力に関する第二指令についていえば、活動との関連性に配慮するということだけで、いわば必然的に、事業者概念を相対的なものとして理解する見方（相対的事業者概念（relativer Unternehmensbegriff））がもたらされ、その結果、事業者がある一定の活動に関しては支払能力に関する第二指令の意味における保険事業者とみなされるが、その他の活動に関してはそうではないという結論が導かれるわけではない。支払能力に関する第二指令では当該事業者の活動のすべてが監督の対象とされているのに対して、カルテル法および国家補助法、それに不公正な業務取扱要領に関する指令では、事業者自身が行う個々の行為または事業者に対する個々の行為だけがそのつど禁止されるにとどまる。このことからみると、保険法の場合、事業者概念を相対的なものとして捉える見方は否定されている。保険契約から生じる義務を履行できるか否か――保険加入者および保険契約に基づく請求権者（Versicherungsnehmer und Anspruchsberechtigten）の利益を考慮しつつ、所管官庁が保険事業者に対して行う監督のみが、保険事業者に対して当該保険契約を担保することができる――という点は明確ではなく、保険事業者がそのつどのような行動（Verhalten）をとるかに応じて、リスクにさらされる可能性がある。支払能力に関する第二指令第一八条ａ号が定める保険外業務の禁止（Verbot versicherungsfremder Geschäfte）によって確認することができる通り、保険事業者に対する監督は保険事業者の「組織全体（Gesamtorganismus）」に対して拡張されなければならない。

（29） *Bot*, Schlussanträge vom 4. 7. 2013 – C-59/12 (BKK Mobil Oil) Rn. 25.

（30） EuGH, Urteil vom 16. 3. 2004 – C-264/01 u.a. (AOK Bundesverband) Rn. 58; *Emmerich* in Immenga/Mestmäcker, EU-Wettbewerbsrecht 5. Aufl. 2012 AEUV Art. 101 Abs. 1 Rn. 12; *Plagemann* in Münchener Anwaltshandbuch Sozialrecht 4. Aufl. 2013 § 4 Rn. 153.

（31） EuGH, Urteil vom 16. 3. 2004 – C-264/01 u.a. (AOK Bundesverband) Rn. 51.

（32） EuGH, Urteil vom 16. 3. 2004 – C-264/01 u.a. (AOK Bundesverband) Rn. 58.

（33） *von Wallenberg/Schütte* in Grabitz/Hilf/Nettesheim, Das Recht der Europäischen Union 51. Ergänzungslieferung 2013 Art. 107 Rn. 39.

（34） EuGH, Urteil vom 3. 10. 2013 – C-59/12 (BKK Mobil Oil) Rn. 33.

（35） EuGH, Urteil vom 3. 10. 2013 – C-59/12 (BKK Mobil Oil) Rn. 37.

五　社会保障制度に関する例外

1　第一次法における連結点

ヨーロッパ連合法は、社会保障制度（Systeme sozialer Sicherheit）の分野では、広範囲にわたる活動の自由（Handlungsspielraum）を加盟国に認め、ヨーロッパ連合が法的行為を行う権限を制限（begrenzte Ermächtigungen für EU-Rechtsakte）している。社会保障分野は、一九五八年一月一日に発効したヨーロッパ経済共同体設立条約（EWG-Vertrag）においてすでに、ヨーロッパ委員会と加盟諸国とが相互に密接に協力して推進すべき特別の分野であると定められていた（ヨーロッパ経済共同体設立条約第一一八条）。それと同時に、この条約では、ヨーロッパ経済共同体設立条約上の諸規定を介するという間接的方法に頼る以外には、加盟諸国の「社会保障法秩序」の同調性（Abstimmung der „Sozialordnungen"）を達成できないということが強調されていた（ヨーロッパ経済共同体設立条約第一一七条）。ヨーロッパ連合運営条約は、一方では、最後に挙げたこの間接的規律方法という手法をいつ利用すべきかの判断を留保している（ヨーロッパ連合運営条約第一五一条第三項）。しかし、それでいて、他方において、ヨーロッパ連合運営条約は、同条約によりヨーロッパ連合運営条約第一五一条第一項に挙げられている「適切な社会的保護（angemessener sozialer Schutz）」という目標を達成する範囲を拡大していた。このことは、ヨーロッパ連合運営条約が、その第一五三条第一項等において、社会保障法制度の現代化を――加盟諸国の活動を補充するかたちで――ヨーロッパ連合が担うべき権限として明確に書き記していたということから明らかになる（ヨーロッパ連合運営条約第一五三条第一項k号）。しかしながら、特に社会保障制度――疾病保険もここに数え上げられている――については、ヨーロッパ連合運営条約第一五三条第一項k号、同条第二項第一文a号によれば、調和のためのどのような試みも明示的に排除されている。(36) ヨーロッパ委員会の権限は、こうして、「加盟諸国の協力を促進すること（Zusammenarbeit der Mitgliedstaaten zu fördern）」に制限されている（ヨーロッパ連合運営条約第一五三条第二項a号、第一五六条、第一五三条第四項）。社会保障（soziale Sicherheit）は、特別の制度としてだけではなく、さらに進んで、ヨーロッパ基本権（europäisches Grundrecht）としても保護されている（ヨーロッパ基本権憲章（Grundrechtecharta）第三四条）。

2　不公正な業務取扱要領に関する指令

ＢＫＫモービル石油の法的性質を、国家の監督のもとに置かれ、法律上の認可を得た疾病保険制度の管理を委ねられている当該国国内公法上の施設（Einrichtung）であるとみる立場から、このような法的性質を有するＢＫＫモービル石油を不公正な業務取扱要領に関する指令の適用範囲から除くことができるか否かという、誰もがすぐに思いつく論点がある。しかし、ヨーロッパ裁判所は、この論点につき、間接的にしかその態度を示していない。同裁判所は、前述したように、事業者と消費者という二つの概念の間に二律背反の関係があると述べていた。しかし、そうであるからといって、ただちに、事業者概念について例外をまったく認めないという態度が正当化されるわけではない。というのは、これら二つの概念が両立しないという事実は、それだけでは、どちらの概念についても例外をまったく認めないということまで意味してはいないはずだからである。ヨーロッパ裁判所がそうした例外の存在可能性についてみずからの態度をまったく明らかにしていないということは、同裁判所が、たんに二つの概念が両立不能だとみていただけでなく、さらに進んで、最終的に存在するものはそれら二つの概念だけであり、この事案では排中律（tertium non datur（中間の命題（第三の可能性）は排除されて存在しないという法則））があてはまると考えていたという結論を認めることとなろう。すなわち、一定の活動について、第三の概念は、それゆえ、不公正な業務取扱要領に関する指令に対する例外は、明らかに存在しないという理解である。もしヨーロッパ裁判所がそうした例外を、つまり第三の概念を認めることが可能だとみていたのであれば、同裁判所は、内容という点でも、個別具体的事案においてそうした例外があるか否かという論点を取り上げていなければならなかったはずである。しかし、ヨーロッパ裁判所が強調しているように、「不公正な業務取扱要領に関する指令は、一般に認められているように、特別の広範囲にわたる事項的適用範囲を通じて特徴付けられている」。このことから判断すると、疾病保険事業者を事業運営者とみる理解が正当とされよう[37]。このような見方によれば、おそらくは一般的にいえることであろうが、社会保障制度に関する例外をいっさい認めてはならないこととなる。同指令の意味するところからみて、市場に商品として提供する際のやり方に欺罔や攻撃性が看取されるという事態は社会保障制度においても望まれていない。この点を考慮すれば、本件のような具体的事案においてこうした結論を採用する主張には十分に説得力があることとなろう。公正取引法における諸規定が社会保障制度を阻害するといった事態は滅多に生じるものではない[38]。

もとより、右に述べたことは決して一般化できることではない。一般的にいえば、ヨーロッパ連合の消費者保護分野における法統一関連規定が加盟諸国の社会保障制度に対して介入し、加盟諸国の制度がその機能を果たせなくなるということは、排除されていない[39]。このようにみると、一方では、消費者と事業者という二つの名宛人グループの間に「二律背反」がみられるという前提を維持しながら、他方で、消費者と事業者との間の関係それ自体を規律する全般的規範体系には、いかなる例外も見出されないといった結論を、このBKKモービル石油事件判決から、直接に引き出すことはできない。

ヨーロッパ連合の第一次法によれば、ヨーロッパ連合運営条約第一一四条に基づいて定められた、法の調整に関わる諸規定――これらの規定は、同時に、消費者保護という性質を有する（ヨーロッパ連合運営条約第一六九条第二項a号）――は、加盟諸国国内法上の社会保障制度枠組に対して無制限に介入してはならないという考え方が有効であることが確かめられている。

ヨーロッパ連合運営条約第一五三条第二項a号は、もちろん、同条約第一一四条第一項第一文に対して優先的な地位に立つものではない。というのは、第一一四条第一項第一文の適用は、「これと異なる趣旨が関連する諸条約において定められていないとき」にのみ制限されているからである。第一一四条第一項第一文は、このような補充的性質を有する条項を、域内市場の創設と運営目的としている諸規定よりも劣後させている。[40] それゆえ、ヨーロッパ連合運営条約第一五三条をこのような性質の規定とみることはできない。[41]

ヨーロッパ連合運営条約第一一四条が定める法律要件が、特に域内市場との関連性という要件が充足されている限り、加盟諸国におけるどのような題材の法律問題も、原則として、第一一四条が定める法調整措置の適用対象となり得る。[42] その限りでいえば、ヨーロッパ連合運営条約第一一四条に基づいてヨーロッパ連合の立場から加盟諸国法の調和を図る諸措置が加盟国の社会保障制度に対して大きな影響を及ぼすといったことは十分にあり得よう。[43] また、健康保護分野における加盟諸国法間の調和禁止（ヨーロッパ連合運営条約第一六八条第五項）という事項についてヨーロッパ裁判所が考えていたところによれば、調和禁止条項の適用対象とされた分野について重要な政策判断が下された結果、なんらかの措置が講じられる場合にも、当該措置の法的根拠をヨーロッパ連合運営条約第一一四条に求めることができる、とされている。[44] もちろんヨーロッパ連合運営条約第一一四条第三項には、ひとつの前提がある。それは、どのみち、第一一四条に基づく措置が講じられる場合、健康を保護すること自体が優先すべき価値として重視されているという点である。このようにみると、健康保護の分野で現に払われているさまざまな考慮はヨーロッパ連合運営条約第一五三条には引き継がれていないといえよう。

しかし、ヨーロッパ連合運営条約第一五三条第二項第一文a号――この規定は、同条第一項k号と結びついている――は、第一一四条を介して、迂回されてはならない。というのは、この規定では、加盟諸国の社会保障制度――本件についていえば、社会的性質を有する疾病保険制度――を調和させることそれ自体が禁止されているはずだからである。[45] そして最後に、ヨーロッパ連合運営条約第一五三条第四項第一ダッシュにおいても、第一に、自国社会保障制度の基本原理設定に関する加盟諸国固有の権能は第一五三条第二項によっても侵されてはならないこと、そして第二に、当該国社会保障制度の資金的バランスが著しく侵害されてはならないこと、これら二点が明言されている。ヨーロッパ連合運営条約第一一四条に基づいて行われる諸措置に対しては、まずもって右の諸規定が定める各種の制限が適用されよう。これらの制限に相当高度の条件(「基本原理(Grundprinzipien)」および「著しく侵害しない(nicht erheblich beeinträchtigen)」という文言)が付されていることに着目すると、これらの制限においては、右に述べた点だけではなく、第一一四条に基づき調和を実現するために行われる諸措置が諸国の社会保障制度に対して全面的に影響力を及ぼしてもよいということが同時に確認されていることとなろう。

以上の検討を踏まえれば、法律上の認可を得たドイツの疾病保険事業者が消費者保護法、特に公正取引法において一般的に事業者に該当するとみなされていたといった趣旨で、ヨーロッパ裁判所のBKKモービル石油事件裁判を普遍化してはならないという点に特に留意する必要がある。むしろ、そのつどの消費者保護規定の適用が加盟諸国の社会保障制度に対する介入にあたるか否か、そして、そうした介入が第一次法上の諸基準と合致しているか否か、これらが審理の対象とされなければならない。

3　カルテル法および国家補助法

先に「1　第一次法における連結点」の項で言及した第一次法上の諸原則というかたちで具体化されているが、カルテル法(46)でも国家補助法(47)でも、一定の要件のもとに、社会保障制度の枠内での活動がヨーロッパ連合運営条約第一〇一条以下の諸規定の適用範囲から除外されるということが認められている。ヨーロッパ裁判所は、事業者概念に関する例外をみずから作り出すことを通じて、このことを実現してきた。ヨーロッパ裁判所の判例によれば、社会保障の分野でも、純粋に社会的目的を追求し、補充性の原則に立脚し、そして国家の監督に服する活動は、経済活動とは明確に区別されなければならない(48)。その際、ヨーロッパ裁判所は、類型的考察方法（typologische Betrachtung）を採用している(49)。

この考察方法によれば、社会的活動に該当するか否かの判断において、重視される要素がある。たとえば、保険契約の締結主体たる加入者が保険料の金額決定に影響を及ぼしていないこと、給付の範囲および種類ならびに中間費用の額(50)、振替手続における融資の可能性(51)、保険料にどの程度のリスクがあるかの判断の誤り（fehlende Risikobezogenheit der Beiträge）(52)、保険事業者が負担する保険金給付と加入者が支払う保険料との分離(53)、複数の保険契約相互の間でリスク調整措置の存在(54)、これらがそうである。他方で、ヨーロッパ裁判所の判例によれば、保険料と保険金給付の内容を決める際の裁量範囲(55)、それに、資本金を基礎とした融資の可能性(56)、これらに基づいて、経済活動に該当するか否かが決められている。これに対して、保険の種類が強制保険か任意保険かという事実は重視されていない。[57] 保険事業者のうち、社会保障制度の枠内で活動しかつ医療品を購入する者（Versicherer, der in einem System sozialer Sicherheit tätig ist und medizinische Produkte nachfragt）は、その者が物品またはサーヴィスを市場に売りに出していない限り、事業者として活動しているとはみなされない。[58] このような場合につき、ヨーロッパ裁判所は、社会保障制度の枠内にある保険事業者に対していかなる給付も提供されていないとみていた。

先行文献をみると、特に一般地域疾病保険事業者全国連合会事件判決に続けて示された、解釈上例外を認めるこのような考え方は、正当にも批判されている。[59] 実際、ヨーロッパ裁判所は、事業者概念に該当しないという判断を下す場合、第一次法上要請される、社会保障制度についての例外の許容を、想定された範囲をはるかに超えて広く認めていた。何よりもまず、解釈に際して考え方を誤れば、事業者概念は不必要に狭く限定される（あるいは、例外が不必要に広く認められる）ことになろう。

確かに、事業者概念の機能に着目することは、それ自体、個別的事案で具体的に話題になっている活動を取り上げる可能性を開くこととなる。けれども、ヨーロッパ裁判所の判断と軌を一にして、そうした活動の目的こそが基準となるとみる場合には、——まさしくヨーロッパ裁判所が不公正な業務取扱要領に関する指令の枠内で行っていたことであるが——、事業者という概念から、個々の活動自体に注目する場合以上に多くの活動を引き出してしまうこととなろう。その際、事業者概念にあてはまるかどうかという点について決定的な意味を持つのは、消費者がだまされているということだけであって、どのような目的で加入者に対する広告活動が行われていたかということではない。第二に、この種の問題を事業者概念のもとに根付かせようとする場合、どこまで例外を認めるかということと比例性への配慮とは切り離されている。社会保障制度を保護するうえで例外が必要か否かという論点を取り上げても、——この枠内において、少なくとも、現在の状態から判断すると——、そのことだけで、そこで行われる解釈こそが正当だと評価することはできないであろう。このようにみると、ヨーロッパ連合運営条約第一〇六条第二項——同項の法律要件は判断を異ならしめること——の助けを借りてこの問題を解決することが提案されなければならない(60)。

結局のところ、カルテル法についての検討結果は、公正取引法におけるそれとは対立したものであることが分かる。ヨーロッパ裁判所は、一方で、公正取引法の場合には、社会保障制度の枠内で保険事業者につき事業者概念の例外を定めていないが、他方で、カルテル法の場合には、これに反して、例外をあまりにも広く、しかもあまりにも融通の利かないかたちで認めている。ここでは、両者を関連させつつ、しかもそのいずれについても第一次法が定める基準が正当に評価されるように、両者の接近を図ることが望まれる。

4　支払能力に関する第二指令

支払能力に関する第二指令第三条は、「社会保障制度のもとに置かれている保険事業者」を同指令の適用範囲から除外している。同条は、このように定めることで、ヨーロッパ連合運営条約第一五三条第一項k号、第二項第一文a号が求める加盟諸国法調和の禁止を実現している。支払能力に関する第二指令考慮事由(Erwägungsgrund)四によれば、「一定の事業者のうちで、保険という給付を提供する者は、(……)その——公的保険制度との密接な結び付きを通じて特徴付けられた——制度的本質に基づいて、本指令をもって設けられた諸規定の適用範囲から除外されなければならない」。この考慮事由が特に支払能力に関する第二指令第八条に挙げられた事業者に対して、そしてまた同指令第三条に対しても関係しているか否かという点は、なんら明確ではないし、ここではこれを未解決のままに残すことができる。というのは、少なくとも社会保障についていえば、明らかな例外がすでに定式化されているからである。特に生命保険についてみると、社会保険法（Sozialversicherungsrecht）に規定されている、生存期間に左右される取引は、加盟国法上、生命保険事業者が独自のリスク判断のもとに当該取引を行っているかまたはこれを管理している場合、同指令に服するとされている。これに加えて、ここにいう独自のリスク判断に当たるか否かの基準は支払能力に関する第二指令第二〇七条に定められている。同条によれば、加盟国には、労災事故に対処するための強制保険において独自のリスク判断のもとに活動する事業者につき、保険監督法上特別規定を定めることが許容されている。支払能力に関する第二指令第二〇六条では、代替型疾病保険（substitutive Krankenversicherung）について国内法上一定の規定を設けることが認められている。

ヨーロッパ裁判所の判例によれば、疾病保険が連帯行動の原則（Solidaritätsgrundsatz）に立脚しかつ保険契約上の諸義務（Versicherungspflicht）を定めている場合、疾病保険は社会保障制度に分類されなければならないとされている。(61) しかしながら、それでいて――同じくヨーロッパ裁判所が述べている点であるが――、社会保障制度の中には、事業目的を追求しつつ独自のリスク判断に基づいて提供される保険サーヴィス（Versicherungen auf eigenes Risiko unter Verfolgung eines Erwerbszwecks）もある。支払能力に関する第二指令第三条が定める例外はこの種の保険サーヴィスには介入していない。その結果、同指令はその第二〇七条に定められた基準に従って適用される。この種の事案で問題となったのが、ベルギーの労災補償に関する混合制度（Mischsystem der Arbeitsunfallversicherung）、すなわち、一方の、主権の行使により行政法上定められた諸基準（強制保険、法定給付範囲、支払不能時用基金（Pflichtversicherung, vorgegebener Leistungsumfang, staatlicher Ausfallfonds））と、他方における、民間の形成の自由（プレミアムの設定、自由な中間費用算定、資本維持制度、民間契約、プレミアム支払の場合に限定された給付義務（selbständige Präienfestsetzung, freie

Mittelverwendung, Kapitaldeckungssystem, private Verträge, Leistungspflicht nur bei Prämienzahlung)）と、両者から構成された制度であった。サッジョ（Saggio）法務官は、当該事件の場合、分類上は確かに社会保障制度ではあるが、実際に問題となった例は、民間の保険事業活動であると考えていた。それは、当該事業活動が自由競争原則に基づいて行われており、したがって、経済活動とみなされるものだったからである。(62) ヨーロッパ裁判所も同法務官の意見に従っている。

支払能力に関する第二指令の適用範囲から何が除外されるかという点は、反対解釈のかたちで取り出すことができよう。それは、独自のリスク判断のもとで行われていない活動のみである。独自のリスク判断のもとに行われる活動（Tätigkeit auf eigenes Risiko）という言葉で考えられているものが何を意味するかという点について、ヨーロッパ裁判所による説明はない。ベルギー対ヨーロッパ委員会事件（Belgien/Kommission）における事実関係によれば、資本維持制度のもとで独自にプレミアムが設定され、利潤の処分が自由に行われ、そして倒産処理が一般原則に基づいて行われていた場合には、独自のリスク判断のもとに行われる活動であったことが肯定されている。

支払能力に関する第二指令の意味および目的（Sinn und Zweck）によれば、独自のリスク判断のもとに行われる活動とは、支払能力に関する第二指令が目指した、保険加入者および保険契約に基づく請求権者の保護が確保されなければならない活動、とりわけ、事業者の支払能力が確保されなければならない活動を意味する。国家の社会保障制度の中で設けられている融資規定（Finanzierungsregelungen）を通じて事業者の支払能力が担保されているときは、支払能力に関する第二指令は適用されない。

支払能力に関する第二指令が特別の立法目的を有することに鑑みれば、この指令では、競争規則および誠実義務が定める意味での事業者概念に対する例外を逆推論することは許されないであろう。

（36） *Benecke* in Grabitz/Hilf/Nettesheim, Recht der Europäischen Union 51. Ergänzungslieferung 2013 Art. 153 AEUV Rn. 100.

（37） EuGH, Urteil vom 3. 10. 2013 – C-59/12 (BKK Mobil Oil) Rn. 38, 40.

（38） *Becker/Schweitzer*, Schutz der Versicherten vor unlauterem Wettbewerb NJW 2014, 269 (271).

（39） これと見解を異にするのが、*Becker/Schweitzer*, Schutz der Versicherten vor unlauterem Wettbewerb NJW 2014, 269 (271) である。

（40） *Fischer*, in: Lenz/Borchardt, EU-Verträge, 6. Aufl. 2012, Art. 114 Rn. 6; ヨーロッパ共同体設立条約第一一八a条――この規定は、その本質において、ヨーロッパ連合運営条約第一五三条第一項a号ないしi号、同条第二項b号（Art. 153 Abs. 1 lit. a bis i, Abs. 2 lit. b AEUV）に対応する――のヨーロッパ共同体設立条約第一〇〇a条（これに対応するのがヨーロッパ連合運営条約第一一四条である）に対する関係はこれとは趣旨を異にする。これについては、EuGH, Urteil vom 12. 11. 1996 – C-84/94 (Vereinigtes Königreich/Rat) Rn. 12, 21: この事件でヨーロッパ裁判所は、これら二つの規定がそれぞれどこまで適用されるのかという両者の適用範囲の限界を決める基準は、そこで採用されるべき措置を通じて達成すべき主要な目標は何かという点を考慮して設定されなければならないということを述べていた。しかしながら、当該の論述部分が対象としていたのは、ヨーロッパ共同体設立条約第一一〇a条が加盟諸国ごとの社会保障制度の調和を禁止するという趣旨に対してどのような関係にあるかという点ではなく、労働者保護の領域で加盟諸国ごとの法制の調和を図る権能に対してどのような関係にあるかという点である。

（41） So wohl auch *Fischer* aaO (Fn. 39) Art. 114 Rn. 6.

（42） *Tietje* aaO (Fn. 21) Art. 114 AEUV Rn. 79; *Leible/Schröder* in Streinz, EUV/AEUV 2. Aufl. 2012 Art. 114 Rn. 6.

（43） Vgl. EuGH, Urteil vom 5. 10. 2000 – C-376/98 (Tabakwerbung I) Rn. 76–79、この裁判によれば、ヨーロッパ経済共同体設立条約第一〇〇a条（現在のヨーロッパ連合運営条約第一一四条に対応する）による措置（Maßnahmen）は、ヨーロッパ共同体設立条約第一二九条第四項（現在のヨーロッパ連合運営条約第一六八条第五項に対応する）における調和禁止の要請（Harmonisierungsverbot）に服している、公衆衛生の領域（Bereich der Gesundheit）に対して影響力（Auswirkungen）を行使してもよい。

（44） Vgl. EuGH, Urteil vom 10. 12. 2002 – C-491/01 (British American Tobacco) Rn. 62.

（45） Vgl. EuGH C-376/98 Rn. 76–79、この裁判によれば、ヨーロッパ共同体設立条約第一二九条第四項（現在のヨーロッパ連合運営条約第一六八条第五項に対応する）における調和禁止の要請（das Harmonisierungsverbot）は、ヨーロッパ共同体設立条約第一〇〇a条（現在のヨーロッパ連合運営条約第一一四条に対応する）による措置を通じて迂回されてはならない。

（46） *Roth/Ackermann* aaO (Fn. 20) Grundfragen Art. 81 Abs. 1 EG Rn. 99.

（47） *Cremer* aaO (Fn. 20) Art. 107 AEUV Rn. 25.

（48） EuGH, Urteil vom 5. 3. 2009 – C-350/07 (Kattner) Rn. 42 f.; auch schon Antwort der Kommission/Flynn vom 10. 6. 1998 (P-1717/98). Hierzu auch *Emmerich* aaO (Fn. 29) AEUV Art. 101 Abs. 1 Rn. 29; *Gippini-Fournier/Mojzesowicz* in Löwenheim/Meessen/Riesenkampff, Kartellrecht 2. Aufl. 2009 Art. 81 Rn. 44.

（49） *Roth/Ackermann* aaO (Fn. 20) Grundfragen Art. 81 Abs. 1 EG Rn. 99; *Emmerich* aaO (Fn. 29) AEUV Art. 101 Abs. 1 Rn. 28; *Säcker/Herrmann* in MüKo Kartellrecht Band I 2007 Einl. Rn. 1614; *v. Laer*, Die gesetzlichen Krankenkassen im Anwendungsbereich des Kartell- und Lauterkeitsrechts 2011 S. 44 f.; *Kingreen/Kühling*, Monistische Einwohnerversicherung 2013 S. 59; ausführlich zu dem Kriterienkatalog auch *Bien*, Die Einflüsse des europäischen Kartellrechts auf das nationale Gesundheitswesen 2003 S. 116 ff.

（50） EuGH, Urteil vom 22. 1. 2002 – C-218/00 (*Cisal*) Rn. 41 ff.; EuGH, Urteil vom 17. 2. 1993 – C-159/91 u.a. (*Poucet et Pistre*) Rn. 15 ff.; EuGH, Urteil vom 16. 3. 2004 – C-264/01 u.a. (一般地域健康保険事業者全国連合会事件 *AOK Bundesverband*) Rn. 47. Insoweit zustimmend *Weiß* in Calliess/Ruffert, EUV/AEUV 4. Aufl. 2011 AEUV Art. 101 Rn. 30. Siehe auch *Emmerich* aaO (Fn. 29) AEUV Art. 101 Abs. 1 Rn. 28; *Kingreen/Kühling* aaO (Fn. 48) S. 59, auch zum Folgenden.

（51） So im Fall *Cisal* (EuGH, Urteil vom 22. 1. 2002 – C-218/00) laut Sachverhalt, in der Begründung aber nicht erwähnt. ゼッカー／ヘァマンの見解（*Säcker/Herrmann* aaO (Fn. 48) Einl. Rn. 1615）によれば、振替融資（Umlagefinanzierung）の場合には、事業としての性質を備えていないとしてこれを否定することのできる決定的な基準（das maßgebliche Kriterium für die Verneinung der Unternehmenseigenschaft）が存在する。

（52） EuGH, Urteil vom 22. 1. 2002 – C-218/00 (Cisal) Rn. 39; EuGH, Urteil vom 5. 3. 2009 – C-350/07 (Kattner) Rn. 44–47.

（53） EuGH, Urteil vom 22. 1. 2002 – C-218/00 (Cisal) Rn. 40; EuGH, Urteil vom 5. 3. 2009 – C-350/07 (Kattner) Rn. 55–59.

（54） EuGH, Urteil vom 5. 3. 2009 – C-350/07 (Kattner) Rn. 48.

（55） EuGH, Urteil vom 21. 9. 1999 – C-67/96 (Albany) Rn. 81. In diesem Sinne auch *Weiß* aaO (Fn. 49) AEUV Art. 101 Rn. 30.

（56） EuGH, Urteil vom 21. 9. 1999 – C-67/96 (Albany) Rn. 81; *Gippini-Fournier/Mojzesowicz* aaO (Fn. 47) Art. 81 Rn. 45; *v. Laer* aaO (Fn. 48) S. 45.

（57） EuGH, Urteil vom 17. 2. 1993 – C-159/91 u.a. (Poucet et Pistre) Rn. 8 ff.; EuGH, Urteil vom 5. 3. 2009 – C-350/07 (Kattner) Rn. 66; EuGH, Urteil vom 21. 9. 1999 – C-67/96 (Albany) Rn. 73; EuGH, Urteil vom 12. 9. 2000 – C-180/98 u.a. (Pavlov) Rn. 115 f. (Pflichtmitgliedschaft mit Wahlmöglichkeit bzgl. des Fonds/Versicherers).

（58） EuGH, Urteil vom 11. 7. 2006 – C-205/03 (FENIN) Rn. 26; kritisch etwa *Scheffler* EuZW 2006, 601; *Weiß* aaO (Fn. 49) AEUV Art. 101 Rn. 31; *Bunte* in Langen/Bunte, Kommentar zum deutschen und europäischen Kartellrecht Band 2 11. Aufl. 2010 Art. 81 Rn. 6.

（59） 次注（60）における説明参照。

（60） *Krispenz*, Das Merkmal der wirtschaftlichen Tätigkeit im Unternehmensbegriff des Europäischen Kartellrechts 2011 S. 118 ff.; *Axer*, Europäisches Kartellrecht und nationales Krankenversicherungsrecht – Die Festbetragsfestsetzung als Prüfstein für den Einfluss des Gemeinschaftsrechts auf die Ausgestaltung sozialer Sicherungssysteme NZS 2002, 57 (63); *Kersting/Faust*, Krankenkassen im Anwendungsbereich des Europäischen Kartellrechts WuW 2011, 6 (11 ff.); *Frenz*, Sozialversicherungsträger und Kartellrecht, ZESAR 2013, 107 (111 ff.).

（61） EuGH, Urteil vom 26. 3. 1996 – C-238/94 („Garcia") Rn. 14.

（62） *Saggio*, Schlussanträge vom 20. 1. 2000 – C-206/98 (Kommission/Königreich Belgien) Rn. 15.

六　むすび

以上をまとめると、次のように整理することができる。

（1）　ヨーロッパ連合運営条約上の競争関係規定（カルテル法および国家補助法）に採用された事業者概念と不公正な業務取扱要領に関する指令に採用された事業者概念とを統一的に解釈するという主張を支持するための理由として、ヨーロッパ連合法上の諸概念を統一的に解釈すべきであるとする原則（Prinzip der einheitlichen Auslegung EU-rechtlicher

Begriffe）を挙げることはできない。

（2） 第一次法としての、競争規則および不公正な業務取扱要領に関する指令が共通して掲げている達成目標、すなわち、物品取引の自由およびサーヴィス取引の自由を実現することおよび競争の歪曲を防止すること、これらを考慮すると、これら二つの法領域の事業者概念を統一的に解釈するという考え方は十分にうなずけることであろう。支払能力に関する第二指令は、サーヴィス取引の自由および居住移転の自由に対する制限を防止し、そして、前述の二つの法源と同様に、競争の歪曲を排除するものである。このことから判断すると、その場合に限られようが、支払能力に関する第二指令における事業者概念をも統一的解釈の対象に含めることが正当とされよう。

（3） 競争に関する諸規定および不公正な業務取扱要領に関する指令の根底に置かれているのは、あくまでも機能的（相対的）な事業者概念（funktionaler (oder relativer) Unternehmensbegriff）である。ある法主体が事業者だと判定されるのは、一定の活動に関して行われるのであって、他の法主体に対する関係に関して行われるのではない。しかし、支払能力に関する第二指令の場合は、これと法律状態を異にする。事業者は全面的にこの指令の適用を受けるか、またはまったくその適用を受けないかのいずれかである。

（4） 事業者の活動は物品またはサーヴィスの提供というかたちで行われる経済的活動である。

（5） 第一次法は、一方で、加盟諸国の国内社会保障制度の調和を図ることを禁止し、他方で、ヨーロッパ連合が介入しないように、加盟国が基本原理を設定し金銭的バランスを維持できるよう保護している。その結果、第一次法が定める、不適法なやり方で加盟国の社会保障制度に介入してはならないという原則に対して、競争関係規定および公正取引法の分野では、どのような場合が例外にあたるのかを検討し、例外とみなされる要件を具体的に補充することが必要となる。

(6) ヨーロッパ裁判所の裁判例は右の(5)に示した基準を正当に評価していない。BKKモービル石油事件において、ヨーロッパ裁判所は、不公正な業務取扱要領に関する指令については事業者概念についての例外を認めず、消費者と事業者との二律背反を決定的なものとみていた（排中律（中間の命題は排除されて存在しないという趣旨の法則）（tertium non datur））。個別具体的事案における結果がたとえ納得のゆくものであったとしても、二律背反それ自体がそこで前提に置かれていたところから、公正取引法、また一般的にいえば、消費者保護法が社会保障制度についての例外を設ける必要はないという主張を一般化して考えることはできないであろう。ヨーロッパ裁判所は、カルテル法においては逆に、事業者概念に対する例外を認めるかどうかを具体的に判断されるべき個々の行為に即して極端に狭く裁断せず、活動全体を類型化して包括的に考察するという方法を採用することによって、その立法目的をはるかに超えて広く例外を認めている。

(7) 支払能力に関する第二指令が採用する事業者概念と対立関係にあるのが、同指令において明文で規定されているが、社会保障制度中、保険分野について設けられた例外である。そこでは事業者概念を相対的・機能的に解釈することが禁止されているので、保険事業者が行うすべての活動について、それがどの分野に配列されるかという点が一律に判断されなければならない。その場合に採用される中心的基準は、保険事業者がリスクの有無等を独自に判断して経済活動を行っているか否かという点である。

民事訴訟における規範事実の経済学的解釈

――カルテル法を素材として――

Ökonomische Normtatsachen im Zivilprozess:
Am Beispiel des Kartellrechts

柚原愛子訳

目次

一　はじめに
二　カルテル法の経済学化——価格差を例として
　1　価格差——当初の法律要件
　2　カルテル法の経済学化
三　学際的課題の所在
　1　所与の大前提の適用
　2　大前提の発展
四　民事訴訟における規範事実調査のための枠組
　1　規範事実、法の継続形成事実および包摂事実
　2　規範事実と経験則
　3　手続法上の取扱い
五　まとめ

一　はじめに

本稿が以下に扱うのは、カルテル法と民事訴訟法との交錯領域である。カルテル法の経済学化が進行するにつれ[1]、カルテル民事訴訟では、経済学者の専門知識に依拠しなければならない局面が増えてきた。確かに、民事事件を扱う裁判所は、カルテル事件以外のさまざまな事件類型においてもやはり、経済学分野の鑑定意見を突き合わせながら、たとえば企業価値や逸失利益額の算定といった、裁判を行う上での重要事実を明らかにしてきた。しかし、カルテル訴訟に関しては、さらに特別の事情が存在する。すなわち、カルテル訴訟において経済学の知識が必要となるのは、単に裁判の基礎となる事実を確定するため、つまり、包摂事実（Subsumtionstatsachen）を解明するためだけなのではない。むしろ、そうした知識は、他方ではやはり、なによりも包摂を可能とする大前提それ自体を表現するために頻繁に必要とされてきたのである。カルテル法上の中心的な、また民事法でも採用可能な法律要件、たとえばカルテル禁止や濫用禁止という要件概念は、一般条項であり、この一般条項を通じて、競争制限行為や市場支配的地位の濫用行為が禁止される。しかし、このような規範に無造作に包摂できるようなものは何もない。むしろ、一般条項にはその具体化が必要なのであり、そのようにしてはじめて法的三段論法（juristischen Syllogimus）における大前提が形成されることになる。そのため、一般条項のこのような性質を取り上げるとき、アィケ・シュミット（Eike Schmidt）が述べていたように、そこでは「新たな実質規範が恒常的に創り出されている（„permanente(n) Erzeugung neuer Sachnormen“）[2]」ということができる。こうした作業に取り組もうとすれば、裁判官は、経済学のみが捉えることのできる、一定の事実があることを認識しなければならない。この種の事実は、訴訟法の文献では、法の継続形成事実（Rechtsfortbildungstatsachen）と呼ばれてきたが[3]、一部の文献では、さらにその上位概念として、規範事実（Normtatsachen）という概念が取り上げられ[4]、法の継続形成事実はその下位グループに位置付けられている[5]。

従来、カルテル手続法における議論の中心は、カルテルに起因する損害やカルテルで生じる超過収益[6]といった[7]、カルテル法上問題となる包摂事実を確定することにあった。これに対して、本稿で着目するのは、規範事実の方である。カルテル法において、法律家は、大前提――これによって一般条項が具体化される――を経済学の専門知識なくして展開することはできない。現在も真摯な取組みが、この種の大前提を作り上げることに向けて行われているが、これはコストのかかる学際的事業ともいうべき作業である。この学際的な共同作業をどのように組み立てるべきかという点は、それ自体学理的な課題となるが[8]、他方では、この点を裁判官の経済学的心得を深めることに役立てることもできる[9]。また、法律家は、手続法に目を向け、民事訴訟で展開される学際的な共同作業をどのように手続法に組み込み、その規律を行うかという点にも配慮しなければならない。ドイツの民事訴訟法にはもちろん、規範事実の調査に関してなんらの明文規定も用意されていないが、このことはさほど驚くにはあたらない。というのは、これまでの研究では、法の継続形成は民事訴訟の結果とみなされており、民事訴訟の目的とは考えられていなかったからである[10]。もっとも、法の継続形成を上告の目的とすることは承認されている[11]。

以下ではまず、一例を用いながら、カルテル法の経済学化というフレーズの下でどのような現象が捕捉されるのかという点（二）、そして、カルテル訴訟において、法律家と経済学者との学際的な共同作業に求められる内容は、カルテル法の経済学化を通じて、どのように変化しているのか（三）という点について紹介する。その後、特にカルテル法における規範事実の調査に関し、そのための民事訴訟の枠組はどのようになっているのかという点を取り上げる

（四）。これらの点に着目することで、法律家に課せられた、いわば「持参債務」[12]を履行することができるのはもちろん、加えて、カルテル訴訟における経済学者と法律家との学際的共同作業の枠組を発展させることができよう。さらに、本稿を通じ、読者諸氏は、規範事実の調査が、往々にしてもっぱら「直観的」[13]に行われるとしても、そこにはまだ裁判所の関与する余地が残されているということを、意識されるであろう。

（1） この点に関しては、たとえば *Drexl/Kerber/Podszun* (Hrsg.), Competition Policy and the Economic Approach, Foundations and Limitations, Cheltenham 2011; *Galle*, Ein wirtschaftlicher Ansatz im Kartellrecht, Baden-Baden, 2010; *Schmidtchen/Albert/Voigt* (Hrsg.), The more economic approach to European competition law, Tübingen, 2007.

（2） *Eike Schmidt*, Der Umgang mit Normtatsachen im Zivilprozess, FS Wassermann, München 1985, S. 807, 809; また *Schlüter*, Das Obiter dictum, München 1973, S. 116. も参照。

（3） たとえば *Prütting*, in: MünchKommZPO, 3. Aufl. München 2008, § 284 Rn. 48.

（4） 詳しくは、四・1。

（5） たとえば *Foerste*, in: Musielak (Hrsg.), ZPO, 9. Aufl. 2012, § 284 Rn. 3; *Rosenberg/Schwab/Gottwald*, Zivilprozessrecht, 17. Aufl. 2010, § 111 Rn. 5, 20, 21.

（6） *Rauh*, Die Ermittlung der Schadenshöhe im Kartelldeliktsrecht, WRP 2012, 173–183; *Burrichter*, Ökonomische Gutachten in Kartellschadensersatzprozessen, in: FS Canenbley, München 2012, S. 111–127; *Haucap/Stümeier*, Wie hoch sind die durch Kartelle verursachten Schäden: Antworten aus der Wissenschaftstheorie, ZWeR 2008, 252–271.

（7） BGH, Beschluss vom 19.6.2007 – KRB 12/07 – Selbstdurchschreibepapier, Rn. 17 ff.

（8） 詳しくは *Jungert*, Was zwischen wem und warum eigentlich? Grundsätzliche Fragen der Interdisziplinarität, in: Jungert/*Romfeld/Jukopp/Voigt* (Hrsg.), Interdisziplinarität, Theorie, Praxis, Probleme, München, 2010, S. 1 ff.; *Sukopp*, Interdisziplinarität und Transdisziplinarität. Definitionen und Konzepte, in: *Jungert/Romfeld/Jukopp/Voigt* (Hrsg.), Interdisziplinarität, Theorie, Praxis, Probleme, München 2010, S. 13 ff.

（9） たとえば、裁判官に経済学の補習教育を行うことや、裁判官席に経済学者を着かせることなどが考えられよう。こうしたことは、フランス破毀院などに見られている。
（10） *Rosenberg/Schwab/Gottwald,*（前注（5））, § 1 Rn. 9; *Musielak,* in: Musielak (Hrsg.), ZPO, 9. Aufl. 2012, Einl Rn. 5（判例が法の継続形成に寄与する）; *Lames,* Rechtsfortbildung als Prozeßzweck, Tübingen 1993, S. 3–5.
（11） *Rosenberg/Schwab/Gottwald,*（前注（5））, § 134 Rn. 22.
（12） Ewald 連邦カルテル庁経済政策問題課課長のミュンスターのヴェストファーレン・ヴィルヘルム大学での講演における言葉。
（13） *Seiter,* Beweisrechtliche Probleme der Tatsachenfeststellung bei richterlicher Rechtsfortbildung, FS Baur, Tübingen 1981, S. 573, 575.

二　カルテル法の経済学化――価格差を例として

1　価格差――当初の法律要件

原価と価格の差（Kosten-Preis-Schere、以下、「価格差」と略記する。）に関する問題状況は、以下のように表すことができる。すなわち、市場支配的事業者Aがある市場――以下、第一市場と呼ぶ――で、ある製品――たとえば金属材料――を提供している。その買主である購買事業者Bにとって、この製品は、自身が第二市場で提供する別の財貨――たとえば粒状金属――を生産するために必要な原料となっている。しかし他方、市場支配的事業者Aはいわゆる垂直的統合の形態を採っており、購買事業者Bと同じく、第二市場でこの財貨を提供している。つまり、この市場支配的事業者Aは、第二市場の購買事業者Bからみれば、第一市場における商品供給者であると同時に、第二市場における競争事業者でもある。その結果、市場支配的事業者Aは、購買事業者Bの利幅に影響を与えることになる。市場支配的事業者Aが、原材料製品である金属材料の価格は高く、さらに最終製品である粒状金属の価格は低く――最悪の場合、原材料製品価格よりも低額に――設定すれば、第二市場の競争事業者Bは、おそらく長期にわたって利益を全く上げることができず、市場から排除されることとなろう。

実務的にみると、現在のヨーロッパカルテル法において、価格差が重要な意味を持つのは、経済網が緊密に張り巡らされているような市場形態においてであり、そこでは通常、第一市場が、旧来の独占業者が当該経済網に参入するための市場となる。ヨーロッパ委員会がこれまでに決定を下した三つの案件は電気通信事業に関するものであった(14)。現在四件目となる同種の手続が係属しており(15)、第五の案件ではガスの供給事業が問題となっている(16)。より古い案件には、石炭(17)、金属(18)、そして砂糖(19)に関するものがあった。また、ヨーロッパ一般裁判所（Europäisches Gericht）およびヨーロッパ裁判所（Europäischer Gerichtshof）では、二〇〇〇年以降、二〇一二年三月に示された最新の例を含め、六度にわたり価格差に関する案件が扱われたが、そのうち、電気通信事業に関連しない案件はわずか一件であり、それは金属に関する案件であった(20)。他方、ドイツでは、価格差案件の重心は、ガソリンスタンド市場にあるが(21)、連邦カルテル庁とデュッセルドルフ上級地方裁判所は電気通信分野の事件についても判断を示してきた(22)。なお、デュッセルドルフ上級地方裁判所は、傍論において建築市場における価格差の問題も取り上げていた(23)。

どのような要件のもとに価格差が濫用されたといえるかを定めるのは、ＥＵ法では、ＥＵ運営条約（AEUV）第一〇二条であり、同条は、市場支配的地位の濫用を禁じている。同条で問題になるのはａ号の例示規定ではなく、本文の基本的要件が基準となる。他方、ドイツ法では、競争制限禁止法（GWB）第二〇条第四項第二文第三号が、特定のケースについて価格差の設定を禁じている。これによれば、中小規模の競争事業者に対して優越的な市場支配力を有する事業者は、第一市場での製品の提供について、自らが第二市場で同一製品に要求するよりも高い価格を要求してはならない。この法律要件が特にその対象としているのは石油市場であり、そこでは、大規模コンツェルンが、ガソリンやディーゼルを卸売商として販売すると同時に、またそれらを小売商としても販売している。本稿では取り上げることのできない特殊なケースを除けば、価格差は一般に、競争制限禁止法第二〇条第一項の妨害禁止条項違反として扱われることになる。その評価に用いられるのは、ＥＵ法と同一の基準である。[24] さらに競争制限禁止法第一九条第四項第一号も価格差と関連するが、[25] ドイツでの実務が欠けているために、ここでもやはり、ドイツの実務と文献ではＥＵ法が参照されている。[26] それでは、ＥＵ法上、どのような要件のもとに、価格差が濫用と評価されるのか。

ＥＵ運営条約第一〇二条は市場支配的地位の濫用を禁止する。この不特定概念は、ヨーロッパの法実務における価格差というここでの検討対象に関していえば、次のように表現することができる。すなわち、価格差が濫用されたといえるのは、(1)垂直統合された事業者であって、(2)第一市場を支配する事業者が、(3)第二市場での活動上、不可欠の原材料を提供しているという場合において、(4)第一市場における原材料価格と、第二市場で市場支配的事業者が要求する最終消費者価格との差が、第二市場で合理的な製品提供能力を有する競争事業者にとって十分ではなく、競争事業者が第二市場で長期に亘り利益を上げることができないときである。以上の諸点の判断を経て、(5)第二市場での競争は妨げられていると評価されることになる。もっとも、以前には、こうした評価を導くにあたり、競争事業者を排除するような価格差があるとき、という抽象的な条件で十分とされていた。

2　カルテル法の経済学化

価格差というこの法律要件は、カルテル法の経済学化という流れの中で、顕著な変化を遂げてきた。以下では、経済学における研究動向のいくつかに着目し、経済学のアプローチが、カルテル法に対し、どこでどのような影響を与えたのかが検討される。それに続けて、その影響の「痕跡（„Spuren“）」は、価格差に関する事案にどのようにみられるかが探求される。

（1）競争経済学における研究の動向

カルテル法についてまずいえることは、カルテル法は、他の法分野よりもはるかにずっと、経済学の学識に直接依拠した法分野であるという点であり、いわばカルテル法とは、規範の形を取った経済学そのものにほかならない。EU運営条約第一〇二条という一般条項に事実を包摂しようとするとき、われわれはすぐにこのことに気づく。市場、市場支配的地位、その濫用。これらの概念はどれも、経済学の心得なくしては用いることのできない概念である。経済学がカルテル法に及ぼしている影響は、その学問的動向からみると、次の三つに整理することができる。あらかじめお断りしなければならないが、以下の区分はあくまでも簡略化されたものにすぎない。それは、各領域の境界に不明確な点があり、さらなる細分化の余地を残しているためである。おそらくは、ここで分類された個別領域のそれぞれには、さらにその独自性が要求される。

⑴　狭義の競争経済学（*Wettbewerbsökonomie im engeren Sinne*）という言葉でわたくしが何を示そうとしているかをまず明らかにしよう。狭義の競争経済学では、記述的な手法で、一連の市場事象に関する認識が提供される[27]。狭義の競争経済学は従来、特に、ゲーム理論のような理論的認識を通じて、その学識を蓄積させてきたが、他方では、実証的な分析手法が用いられることも増えている。さらに、市場事象の測定やその計算に関する方法も改善されてきた（計

量経済学）。こうした競争経済学の発展に伴い、競争法の適用上も、一定の行為が有する効果の側面に焦点があてられるようになってきた（行為の形式ではなく、その効果に基礎を置く分析）。競争経済学の中でも、記述的競争経済学が特にその課題としているのは、ある行為が競争を侵害しているか否か、そして侵害がある場合、いつ侵害されたかについての理論を展開すること（いわゆる侵害論）である。これに対し、競争経済学には、規範的競争経済学という一派もあり、そこでは、競争の現状ではなく、競争はどのように行われるべきかという当為の問題が扱われる。競争経済学が用いてきた各概念の基礎には、競争を通じて達成しようとするさまざまな目的があり、このような点からも競争経済学はカルテル法に影響を及ぼしている。たとえば、この点について、競争経済学では、競争プロセスはそれ自体が保護の対象とされるべきか、何よりも福祉目的——社会全体の公共の福祉か、消費者の福祉か——が第一に追求されるべきかといった論点が提起され、今なおも変わることなく議論されている。

(2)　経済学の第二の動向として、法の経済的分析（*Ökonomische Analyse des Rechts*, law and economics、法と経済）は、カルテル法における経済学的考慮をますます支えるようになっている。この法の経済的分析は、経済学的な方法論を法に対しても適用し、法と経済との間の相互作用を研究する分野である。[28] そこで用いられる研究アプローチは、もともとが限定的なものである。すなわち、法の経済的分析は、厚生経済学の派生分野として、法を効率性という観点から測定する。いいかえれば、法における費用便益比の最適化が試みられる。法の経済的分析において、その規範的目標として追求されるのは、効率のよい規則を発見することであり、他方、その記述的目標として追求されるのは、法の帰結を描写することである。法の経済的分析が問題とするのは、ある規定の費用便益関係がいつ最適化されるかという問題であり、たとえば、経済的にみてより多くの失敗をもたらすのはどのような規定か、その失敗に値段を付けるといくらかといった問題が提起される。カルテル法においても、こうした思慮は影響力を強めてきており、とりわけ、

ＥＵの立法レベルにおいて、そしてまた判例法において顕著である。

(3)　最後に、経済学の第三の動向として、法廷経済学（*Forensische Ökonomie*）もカルテル法に影響を及ぼしている。この研究動向[29]は、その限界がいまだ完全には明らかとなっていない。それでも、この研究動向で取り組まれていることの核心は、経済学的知見を法の実施・執行手続に適用することである。そのために、この法廷経済学はいくつかのコンセプトや方法論を発展させ、それらを用いた経済的な分析が、個々の手続を対象として行われるようになっている。法廷経済学は、このように訴訟法と関連する分野であり、またその動向は、記述的競争経済学と一部で重なり合うところがある。

(2)　価格差という法律要件の変化

次に取り上げるのは、価格差の濫用という法律要件が、どのような変化を遂げてきたのか、そして、カルテル法の経済学化は、そうした変化にどの程度寄与しているのかという点である。時間的にみると、このような変化の多くは二〇〇〇年以降にわたってみられるが、決定的な変化があったのはこの一年半である。

(1)　価格差の濫用という法律要件に、根本的といえるような変化があったのは、ヨーロッパ裁判所の二〇一一年二月のテリア・ソネラ社（Telia Sonera）事件判決[30]である。同判決では、価格差の設定が濫用的と評価される余地は、競争事業者が、第一市場で提供される原材料なしに第二市場で活動できる場合であっても認められうると判断された。同判決を以て、原材料が競争事業者にとって不可欠であることという従来の要件は、廃止された。ヨーロッパ裁判所は、このように価格差の濫用という法律要件を拡張した理由を二つ挙げている。第一に、価格差が、供給拒絶（Lieferverweigerungen）と同一の要件によって、とりわけ、先行給付（Vorleistung）が必要であることという要件によって判断されなければならないという帰結は、ヨーロッパ裁判所の先例からは引き出されないこと。第二に、そのように考えなければ、EU運営条約第一〇二条の適用範囲をあまりに制限することになりかねないこと、これらである。以上は、カルテル法が、形式的基準――ここでは原材料の不可欠性――から開放され[31]、これに代わる要件として効果分析を持ち込んだ、その様態を示す例である。競争事業者にとって原材料が不可欠ではないケースであっても、個々の事案の状況に応じて、価格差に濫用的な効果のあることが証明される場合もある――もっとも、それがどのような要件によるかは、現時点では解明されていない。他方、原材料が不可欠なケースでは、この原材料の不可欠性が、第二市場での競争が侵害されているか否かを審査する際の、唯一の、そして本質的な基準として用いられる。しかし、文献では、こうした考えは誤ったものだという見方が極めて支配的である[32]。

(2) 従来の法律要件において、市場支配的事業者は、競争事業者に対し、合理的な製品提供能力を有する競争者であれば長期にわたって利益を得る市場活動ができるような価格幅（マージン）を設定するよう定められていた[33]。現在の基準をみると、競争事業者が市場支配的事業者と同等に効率的であり、市場支配的事業者と同一の費用での取引ができるとすれば、当該競争事業者は、市場支配的事業者が設定した価格幅で長期にわたって利益を得る取引をなしうるか、という点が問題とされている[34]。これが、「同等に効率的な競争者該当性テスト（*equally efficient competitor test*）」である。競争事業者が、市場支配的事業者よりも価格合理性に乏しければ、そうした競争事業者は市場から排除されてもよい。というのは、効率性の観点からみると、そのような事業者は、市場の競争にとって有益な存在ではないからである[35]。価格差は、このような場合には禁止されていない。これらの点に自ずと明らかなのは、法の経済的分析の影響であり、カルテル法上の禁止という法律要件の解釈が、まさに法の経済的分析の手法である効率性という観点に照らして行われている。

しかしながら、ヨーロッパ委員会も裁判所も再びその歩みを後退させている。つまり、一定の状況では、わずかであるにしても、依然として、合理的な効率性を有する競争事業者という概念が基準とされるべきと考えられている。そうした態度がみられるのは、特に、合理的で効率的な競争事業者の存在があってなお、そこから競争に対する圧力が生じている場合、また、そのような競争事業者が、たとえば「学習効果モデル（"learning by doing"）」を通じて、さらにその効率性を高めうるような場合[36]、そして、競争事業者とは別に、市場支配的事業者が規模の経済を用いることができる場合[37]などである。「同等に効率的な競争者該当性テスト」という基準を公式化しようとするアプローチは、一定の方法で今なお進行中であるが、そうしたアプローチは、他方でさらに、効果に着目する形で発展的に細分化されている。

(3)　「同等に効率的な競争者該当性テスト」によれば、事案の結末は、どのように市場支配的事業者の費用を算定するかという点に決定的に依存する。この算定は、法廷経済学が活用される典型的な一場面である。法廷経済学はその分析手法をますます洗練させてきており、その結果、さまざまな方法論的問題が提起されている。まず初めに明らかにされなければならないのは、市場支配的事業者が第二市場で提供するどの製品に関連付けて、費用の算定を行うかという点である。関連競争事業者が提供しているあらゆる製品が対象となるのか、それとも、最も効率的な「市場参加モデル」によって、たとえば、同モデルが提供する特定の製品組み合わせ（電話とブロードバンドインターネットのようなもの、後者の製品だけではない）を対象とするのか。これらの局面では、いずれにせよ補充的に、その算定モデルが現実的なものであるか否かの審査が必要となる[38]。さらに、算定の基準となる製品が特定されれば、その製品の原価が調査されなければならない。その際、原則としては、長期的に見て平均的な追加費用が基準となる。しかし、そうはいっても、どの程度の期間を取り上げるのか。事業年度か、それとも、当該製品が市場に提供されている期間か。

また、たとえば、宣伝費や販売員の人件費が、問題となる製品だけでなく、別の製品にも同時に投入されているような場合には、その費用は、個別製品の原価計算にどのように算入されるのか。これらはどれも難題であり、その解答がそれぞれ、市場支配的事業者の費用を計る秤の針となりうる。

(4) これまでの状況をみると、限定的かつ抽象的にではあるが、第二市場で競争に侵害があると判定される場合、競争事業者を市場から追放することが正当と考えられてきた。今日活発に議論されているのは、ある行為——ここでは価格差の設定——が濫用にあたると評価される場面を、当該行為が消費者を侵害するために行われているという場合に限定すべきか否かという点である。こうした議論の背景にあるのは、規範的競争理論の影響であり、その一派では、まさに消費者の福祉という価値が前面に押し出されている。この問題に対して、ヨーロッパ裁判所は、EU運営条約第一〇二条の適用上の原則としては、否定的に答えたが[39]、ヨーロッパ委員会は、二〇〇九年の執行の優先順位に関するコメント等の中で、価格差の評価に関しては今なお、消費者の利益を侵害する蓋然性があることを追加的要件として要求している[40]。

さらに、現在に至るまでに、競争事業者が市場から追放されうる場合の諸条件も具体的に確立されてきた。ヨーロッパ委員会では今日、価格差がもたらしうる影響を解明するために、経済学的な分析が多面的に徹底して行われており、裁判所もこれにならっている。具体的に調査されているのは、競争事業者は、市場から排除されているのか、それとも市場への参加を阻止されているのか、そして、市場の成長は、競争事業者の存在によって妨げられているのか否か、といった点である。なお、競争事業者の排除が最終消費者に与えるさまざまな結果についても、より詳しい調査がなされるようになってきた。そこでは、たとえば競争事業者を排除するような慣行がなかったとすれば、製品価格は低下し、製品の改良が進み[41]、そして最終消費者の選択可能性は増大したか否かという点が取り上げられている[42]。

以上の諸点もやはり、いわゆる侵害論に向けられた要請が高まっていることの表れである。侵害論が発展すれば、これに伴って狭義の記述的競争経済学も進展を遂げることになろう。

(5) 最後に、今日、どの市場支配的事業者も、市場行動における効率性を向上させることで、自分の身を守っている。[43] 価格差の設定には、欠陥を補い、同時に消費者の獲得にもつながる利点があり、かつその利点が他の手段によって達成することができない場合には、その価格差は許容される。この点もやはり、一方では、法の経済的分析でいう意味での効率性の志向が、カルテル法に表れている例だということができるし、また同時に、規範的競争経済学において消費者の福祉が前面に押し出されていることが表出している例ともいえる。ただ、実際には、価格差の事案において、効率性の向上という観点が用いられたケースはほとんど見あたらない。もっとも、ヨーロッパ委員会は、市場支配的事業者が追及する革新性の利益を擁護している。供給義務が問題となる場合と同様に、この点は考慮されなければならない。

以上、取り上げてきた点をまとめれば、経済学が及ぼした影響によって、カルテル法上の法律要件が変化し、法の適用がさらに困難になってきたということができよう。

(14) Kommission, ABl. 2003 L 263/9 – Deutsche Telekom; Kommission, IP/05/1033 – Deutsche Telekom II; Kommission, 4.7.2007, 38.784, – Telefonica, s. auch ABl. 2007 C 83/6（判決要旨）.
(15) Kommission, IP/12/462 Slovak Telekom und Deutsche Telekom.
(16) Kommission, ABl. 2009 C 133/10 – RWE.
(17) Kommission, ABl. 1976 L 35/6 – National Carbonizing Company.
(18) EuG, 30.11.2000, Rs. T-5/97 – Industrie des poudres sphériques/Kommission. なお抗告は退けられた。
(19) Kommission, ABl. 1988 L 284/41 – Napier Brown/British Sugar.

(20) EuGH, 14.10.2010, Rs. C-280/08 – Deutsche Telekom/Kommission; EuGH, 17.2.2011, Rs. C-52/09 – Konkurrensverket/Telia Sonera; EuG, 30.11.2000, Rs. T-5/97 – Industrie des poudres sphériques/Kommission; EuG, 10.4.2008, Rs. T-271/03 – Deutsche Telekom/Kommission; EuG, 29.3.2012, Rs. T-336/07 – Telefonica/Kommission; EuG, 29.3.2012, Rs. 398/07 – Spanien/Kommission.

(21) BKartA, Pressemitteilung vom 4.4.2012（石油元売り五社によってガソリンスタンド市場における自由競争が妨げられたかが審査された）; BKartA, 9.8.2000, B8-505000-VH-77/00 – Freie Tankstellen; なお、これを破棄したのは、OLG Düsseldorf, 13.2.2002, VI-Kart 16/00 (V) – Freie Tankstellen.

(22) BKartA, 6.8.2009, B7-11/09 – MABEZ-Dienste; OLG Düsseldorf, 6.7.2011, VI-U (Kart) 4/11 – Teilnehmerdaten.

(23) OLG Düsseldorf, 16.1.2008, VI-Kart 11/06 (V) – Praktiker, Rn. 71.

(24) BKartA, 6.8.2009, B7-11/09 – MABEZ-Dienste, Rn. 9; *Markert* in: Immenga/Mestmäcker, 4. Aufl., München 2007, § 20 Rn. 197.

(25) *Götting*, in: Löwenheim/Meeßen/Riesenkampff, Kartellrecht, Band 2, 2. Aufl., München 2009, § 19 Rn. 68; 同号にいう「市場」は、第三市場も含むものであり、市場支配事業者によって支配された市場のみを意味するものではないことにつき、*Möschel*, in: Immenga/Mestmäcker, 4. Aufl., München 2007, § 19 Rn. 114.

(26) *Lorenz* in: Mäsch (Hrsg.), Praxiskommentar zum deutschen und europäischen Kartellrecht, Münster 2010, § 19 Rn. 78 f.; そのほか価格差の事案における競争価格の引き下げに関して参照されるのは、*Möschel*, (Fn. 25), § 19 Rn. 122.

(27) 代表的なものとして、*Haucap*, Bounded rationality and competition policy, in: Drexl/Kerber/Podszun, Competition Policy and the Economic Approach, Foundations and Limitations, Cheltenham 2011, 217, 223 ff.; *Komninos* et al, Oxera-Report, Quantifying antitrust damages, 2009, http://ec.europa.eu/competition/antitrust/actionsdamages/quantification_study.pdf (二〇一二年八月三一日最終閲覧).

(28) 代表的なものとして、*Posner*, Economic Analysis of Law, 8. Aufl., Austin 2011, S. 369 ff.; *Christiansen/Kerber*, Competition Policy with optimally differentiated rules, JOCLEC 2006, 215 *Scheuer*, Technologietransfer im Kartellrecht. Eine rechtsökonomische und rechtsvergleichende Perspektive, Wiesbaden 2008.

(29) 代表的なものとして、*Schinkel*, JOCLEC 2007, 1; *Schap*, Eastern Economic Journal, 2010, 347.

(30) EuGH, 17.2.2011, Rs. C-52/09 – Konkurrensverket/Telia Sonera, Rn. 69 ff.

（31） その他、*Veljanovski*, Margin squeeze: An Overview of EU and national case law, e-Competitions, No. 46442, Rn. 20, 55; そこでは、テリア・ソネラ社事件判決はより形式的なアプローチを採用したものと捉えられており、その理由は、同判決では、競争に対する、そしてまた消費者に対する悪影響はもはや問題とされていないからと説明されている。

（32） *Auf'mkolk*, The “Feedback Effect” of applying EU Competition Law to regulated industries: Doctrinal Contamination in the case of margin squeeze, JECLAP 2012, 149, 154 f.; *Hay/McMahon*, The diverging approach to price squeezes in the United States and Europe, JOCLEC 2012, 1, 22. 経済学においておそらくは支配的であると考えられる見方によれば、価格差を設定する行為は、供給拒絶の一類型と判定されているが、このような見方は、ヨーロッパ裁判所の判断と相容れるものではない。それにとどまらず、ヨーロッパ裁判所は、各種の事業規制法に対しても積極的に介入を行ってきた。事業規制法の追求する目的がカルテル法のそれと同一であるとしても、そうした重なりはほんの一部分の現象でしかない。逆説的に聞こえるかもしれないが、事業規制法を成立させるうえで最も重要な根拠となったのが米国カルテル法上認められてきた「不可欠施設限定の法理（“essential facilities doctrine”）」であった。この法理の前提には、一定の給付を前もって行うことが不可欠であるという考えがあった――そしてこんにちでは、カルテル法においても、まさしくこうした観点に配慮したうえで、事業規制諸法を適用して市場の開放を達成するという目的が追求されている。

（33） Kommission, ABl. 1976 L 35/6, 7 (linke Spalte) – National Carbonizing Company.

（34） Kommission,4.7.2007, 38.784, Rn. 310 ff. – Telefonica Rn. 併せて、ABl. 2008 C 83/6, 7 – Telefonica（判決要旨).

（35） その他、*Heimler*, Is margin squeeze an antitrust or a regulatory violation?, JOCLEC 2010, 1, 6. も参照。

（36） Kommission, Erläuterungen zu den Prioritäten der Kommission bei der Anwendung von Artikel 82 des EG-Vertrags auf Fälle von Behinderungsmissbrauch durch marktbeherrschende Unternehmen, K(2009) 864 endgültig, Rn. 24.

（37） EuGH, 17.2.2011, Rs. C-52/09 – Konkurrensverket/Telia Sonera, Rn. 45.

（38） *Biro/Houpis/Hunt*, Applying Margin Squeeze in Telecommuniations: Some economic insights, JOCLEC 2011, 588, 591.

（39） EuGH, 15.3.2007, Rs. C-95/04 – British Airways/Kommission, Rn. 106.

（40） Kommission,（前注（36））, Rn. 81.

（41） Kommission, 4.7.2007, 38.784, – Telefonica, Rn. 543–620, s. auch ABl. 2007 C 83/6,8（3.3 以下の判決要旨）; EuG, 29.3.2012, Rs. T-336/07 – Telefonica/Kommission, Rn. 276.

（42） EuG, 29.3.2012, Rs. T-336/07 – Telefonica/Kommission, Rn. 271; EuGH, 17.2.2011, Rs. C-52/09 – Konkurrensverket/Telia

Sonera, Rn. 24.

(43) Kommission,（前注(36)), Rn. 89, 90; Kommission, 4.7.2007, 38.784, – Telefonica, Rn. 641 – 658.

三　学際的課題の所在

価格差の例によって示されたように、カルテル法の適用においては、原理的に異なる二つの局面で経済学の学識が必要とされている。そのひとつは、規範への包摂を行うために事実関係を調査する局面（たとえば費用の算定と算入）においてであり、他のそれは、その前段階として、包摂を可能とする大前提それ自体を形成する局面（たとえば、その製品は不可欠なものとされていなければならないかとか、どの費用を基準とするかとかという局面）においてである。いずれの局面においても、法律家と経済学者が協力しあわなければならない。もっとも、両者の協力はこれに尽きるものではなく、先の例では表れなかった局面においても同様に必要とされている。すなわち、それは、事実関係を確定する段階で、証拠法上の大前提が形成される局面である。たとえば、ある表見証拠（一応の証拠（prima facie evidence））が、特定の事実の存在――一例としては、カルテルによる超過収益の存在――を基礎付けるか否かが明らかにされなければならない場合には、この点の判断に関しても、規範事実――右の例では、典型的とされる一連の市場事象――が考慮されなければならない。

1　所与の大前提の適用

たとえば、価格差ということでの例に関してみれば、たとえそれが実定法規でなくとも、最高裁判所が判示した大前提のようなものがいずれにせよ存在するならば、裁判官はもちろん、法規を適用するのと同様、その大前提を適用しさえすればよい。しかし、なによりその大前提に事実を包摂することがより困難になってきていることは、先に挙げた大前提の例が示すとおりである。たとえば市場支配事業者の費用の算定に関しても、法律家は経済学者の助けを必要とする。そこにおいて、経済学者は必要なデータを特定する手助けをするとともに、費用便益をどのように計算するかといった方法論をも規律する。これら双方の局面に役立ちうるのは、法廷経済学の理論である。また、特殊な事案については、価格差が消費者に対してどのような影響を及ぼしうるかという点も問題になるが、一般に、この点も、法律家は経済学の専門知識がなければ説明することができない。この点に役立ちうるのは、とりわけ、市場事象の説明を行う狭義の記述的競争経済学である。

2　大前提の発展

包摂が容易な要件概念を以て手軽に競争を捉えようとしても、競争はあまりに複雑過ぎるため[44]、法律で用いられるのは、市場支配的地位の濫用といったような不特定概念である[45]。それゆえ、法を適用する過程で、あるいはまた法の適用とは異なる場面で、経済学の助けを借りながら、大前提の具体的な内容をまず調査しなければならない。

法律家は、ここにおいて、経済学の助けとそこで用いられるコンセプトに頼らざるを得ない。このことがあてはまる度合いは、今日、大いに高まってきている。というのは、経済学が、前述した三つの方向から、ますますカルテル法に浸透してきているからである。そのため、大前提を発展させることも、いよいよ難しくなってきている。また、経済学のアプローチが浸透してきたこととの別の側面には、大前提の内容が、経済学的知見の盛衰や競争政策のトレンドと直結させられるようになったという点も挙げられるが、この点についてはこれ以上立ち入る余裕がない。もっとも、こうした側面に鑑みれば、いずれにしても法律家と経済学者が協力して形成した大前提が、現在も正当性を有しているかどうかという点は吟味する必要があるといえよう。

真摯な取組みが――たとえば価格差に関してそうであるように――カルテル法上の禁止事項に関する正当な大前提を展開することに向けて行われているが、これはコストのかかる学際的事業である。まず第一に、たとえば以下の問題が、法的事実として解明されなければならない。すなわち、価格差の設定は、それを禁止しなければならないほどに競争を侵害しているか否か。さらに、そこで競争の侵害があるといえるのはどのようなときか。また、そもそものような規律が必要なのか否か。そして、その規律はどのようになされるべきか[46]。これらの問題がそうである。また同様に、形成されるべき規範の目的も明らかにする必要があるが、その解明には、一般条項の枠内でという制約がある。もちろんこの点は、法律家の本来の専門領域ではあるが、規範的経済学における研究動向には少なくとも耳を傾けるべきであろう。さらに、そこで考えられうる大前提が、法的および事実的にどのような結果を生み出すかという点も分析されなければならない。つまるところ、その理由は、形成される大前提が個別的な事案に限定的に適用されるものではないこと、またそれは、新たな事案の積み重ねがなければ、唯一立法者によってしか修正できないものであること、これらに求められる。この点に関しては、法の経済的分析でいう効率性の観点を通じて、当該規律にはどのくらい失敗が発生しやすいか、そして当該規律は実務的に処理しやすいものであるのかといった諸点をチェックすることができる。その際には、さらに法廷経済学と法律家の協力が不可欠である。最後に、法律家は、その責務として、現状の法秩序とも、そこでの規定形式とも矛盾のないように、形成される規範と既存の体系との調和を図らなければならない。価格差の事案についていえば、殊に、事業規制法との体系的な違いに注意する必要があろう。つまり、カルテル法は規制のための道具として用いられてはならないという点に配慮されなければならない。また他方では、法体系的な側面からも、同様に経済学的な側面からも、第一〇二条で扱われるさまざまな事案類型の間に一貫性が確保されていなければならない。

(44) 事業規制法に関しては *Wissmann*, Generalklauseln, Tübingen 2008, S. 279. を参照。
(45) 不特定概念の典型的な例として挙げられるものについては、*Wissmann*,（前注(44)), S. 282.
(46) *Hergenröder*, Zivilprozessuale Grundlagen richterlicher Rechtsfortbildung, Tübingen 1995, S. 337. そこでは、裁判官によって規範が設定される三つの手順が区別されている。すなわち、規制の必要性を確定すること、規制の仕方を構成すること、そして規制に従うこと、これらである。

四　民事訴訟における規範事実調査のための枠組

これまで述べてきたように、カルテル法の経済学化がもたらした影響の一つとして、カルテル法上、規範に包摂される事実——たとえば市場支配的事業者の費用の額や、価格差がもたらす影響——の調査それ自体が困難になってきている。もちろん、包摂事実に関して準備される鑑定書が難解で複雑なものとなるのは、なんらカルテル訴訟に限られた現象ではない。さらにいえば、分かりやすい鑑定書が提出されるように、ドイツの民事訴訟法秩序では裁判所にさまざまな手段が与えられている。そのような手段としては、たとえば鑑定人の選定（民事訴訟法第四〇四条第一項第一文）や、鑑定書にまつわる諸点につき、鑑定人を監督し指示する権限（民事訴訟法第四〇四ａ条）、また新しい鑑定書の作成を命じる可能性（民事訴訟法第四一二条）などがある。しかし、すでに述べたように、規範事実の取扱いに関しては、いかなる規定も置かれていない。先には価格差の問題例をヨーロッパ法上の判例に即して取り上げたが、これをドイツに移し替えて考えてみるならば、デュッセルドルフ上級地方裁判所は、事実関係に国際性がない事案では、[47]先行給付の不可欠性という要件をそのまま維持しようとするのか否かをまず決定しなければならないであろう。それでは、前述のような分析（三・２）を行ううえで必要な知識は、どのようにすれば身につけることができるのであろうか。そして、そうした知識は訴訟においてどのように表れるのであろうか。

1　規範事実、法の継続形成事実および包摂事実

民事訴訟法の文献において、こんにちまでのところ広く承認されているのは、なによりも大前提を展開するために用いられる事実は、小前提を成す事実、つまり大前提に包摂される事実とは区別されるという点、そして、この両者には異なる手続規則が適用されるという点である。[48]ごく稀ではあるが、両者の区別に対して疑義が呈されるとき、[49]そこでは部分的に法の適用と法の継続形成との区別も同時に問題とされている。[50]

以上の点では原則的なコンセンサスが見られるにも拘らず、これらの概念をどのように用いるかという点に関しては、ある種の混乱が支配している。そうした混乱が生じる原因は、このトピックに対して採用されるアプローチが、

なによりも帰納的であることにある。これらの概念を通じて、たとえば、法的事実の分析という枠組の中で、個別的な事実と一般的な事実との区別がなされたり[51]、また、社会科学的なサポートが、事実関係の側面だけでなく、規範の側面においても必要とされうることが解明されたり[52]、さらに、裁判官が法の継続形成を行うために利用できる情報の基盤をより広く確保すること、そして、これに対応した手続法的な可能性を整備することの必要性が認識されたりする[53]。

これらの概念に関して、法解釈学上必要な基盤の構築に最初に取り組んだのは、ザイター（*Seiter*）であった[54]。彼は、法の継続形成のために必要となる事実を挙げ、「法の継続形成事実に関する証拠法を、継続形成的な手法によって（rechtsfortbildend ein Beweisrecht für Rechtsfortbildungstatsachen）」発展させてきた[55]。他方でまた、彼の考察は法の解釈に関連する事実に対しても転用可能であるとみなされてきた[56]。その後、アイケ・シュミット（*Eike Schmidt*）は、この問題をより広い文脈で捉えた。彼は、法の継続形成だけでなく、一般条項や不特定概念の具体化についても同様に取り上げ[57]——なお、この具体化はもちろん、法の継続形成として捉えることもできる——、それらのすべてに共通する、しかも同時に、特徴的な「データ調査の必要性（Datenerhebungsbedarf）」[58]を確認した。彼は、ここで問題となる事実に対し、当時広く用いられるようになっていた規範事実という表現を充て、この概念を形作った[59]。この規範事実という概念によって、新たな規範が生み出され、また既存の規範はこれまで以上に扱いやすいものとなる。また、この規範事実の調査にとって、具体的な法的紛争は、その調査がなされる真の理由ではなく、単に調査を行う外的理由、きっかけであるに過ぎない。規範事実という概念は、いわば将来に向けて用いられるべく導入された概念なのであって、包摂事実のように後ろ向きに用いられる概念ではない[60]。他方で、ヒルテ（*Hirte*）は、アメリカ法との比較研究というアプローチでこの問題に光をあて、規範事実という概念は、実際のところ、アメリカ法に由来する立法事実[61]という概念の一歩先を行く概念であることを明らかにした。[62] 最後に、リュスマン（*Rüßmann*）は、「裁判官は法を知る（iura novit curia）」という原則のもとで、裁判官がごく当然のこととして取り上げている事実、たとえば、立法審議の過程や他裁判所の関連判決、あるいは当該解釈問題に関する研究論文のようなものも、規範事実という概念によって把握されることを明らかにした。[63]

以上のことから、法の適用と法の継続形成はいずれも、規範事実を知ることと常に不可分の関係にあるということ、そして、その過程で、法の適用と法の継続形成との実質的な違いは、徐々に、法律要件がどのくらいオープンに表現されているかに応じて、明らかとなること、これらが確認されよう。規範事実は、一般的な事実、つまり、個々の事案とは関連付けられない事実であって、ある規範の大前提を形成するために不可欠な事実である。

2　規範事実と経験則

経験則とは、一般的な生活経験、あるいは特定の専門的ないし事実的経験から見出される規則である。[64] コンツェン（*Konzen*）[65] は、それまでにも示唆されていたことではあるが、[66] 経験則を規範事実と関連付けて取り上げることによって――フリートリッヒ・シュタイン（*Friedrich Stein*）がすでに述べていたように[67]――、経験則は、証拠を評価するときだけでなく、大前提を確定するときにも重要であることを強調した。現在、経験則にこのような二重の役割があることは広く認められているが、[68] 他方、経験則が規範事実とどのような関係にあるかという点については明らかではない。[69] その理由は、これら両概念の結び付けられている次元が、それぞれ異なっていることにある。つまり、経験則という概念が、認識論的性質を有し、個々に観察された事象を普遍化したものと考えられているのに対し、[70] 規範事実という概念は、法の三段論法において事実的要素がどこに位置するかを明らかにするものである。

訴訟で法を適用する際、経験則が二重の役割を果たしているということを前提として、経験則が規範事実に対してどのような関係にあるかを考えてみるならば、以下のことがあてはまる。まず第一に、ある規範の大前提が具体化される局面、ないし当該規範のそもそもの大前提が最初に形成される局面をみるとき、両者の関係は明白である。すなわち、たとえば価格差の事案において、裁判所が、問題の価格差は、先行給付が不可欠なものではない場合であっても、市場支配的地位の濫用という要件を充足しうるか否か――また場合によっては、さらにどのような要件が必要か――を明らかにしようとすれば、なによりも経済学の学識に頼らなければならない。このように用いられる経済学の学識は、往々にして――もっとも決してそれに尽きるというわけではないが[71]――経験則とされているものであり、上記の例では、価格差によって生じる影響や価格差を広く禁止することでもたらされる影響についての経済学の学識がこれにあたる。経験則は、この場合、同時に規範事実ともなっている。経験則を調査するために、さらに別の事実に拠らなければならない限り、そのような事実もやはりまた規範事実である。

他方、経験則が事実確定のために用いられる場合には、そのような経験則は規範事実とは見なされない傾向がある[72]。たとえば、カルテルが価格上昇を引き起こしたか否かを個別的事案において明らかにしようとする場合、考えられる経験則によれば、市場全体を覆う価格カルテルによって、通常、価格の上昇がもたらされるとか、割当カルテルは典型的には価格を吊り上げる効果がある、とかいった説明がなされよう[73]。その場合、経験則は、それが有する説得力に応じて、状況証拠（間接証拠）として個別具体事案における損害の発生を推認させることもあれば、損害発生についての表見証拠（一応の証拠）を基礎付けることもあるし、あるいはまた、カルテル庁の二次的な説明責任を発生させることもある。これらの局面に明確に示されているが、ここでの経験則は、証拠法上の、あるいはその他の手続法上の大前提を形成するために必要とされているものである。[74] このようにして形成された大前提は、一般的に、つまり、個別事案とは切り離して適用されうる。たとえば、その経験則によって表見証拠が正当化されるとの見解を裁判所が示している場合には、この証明規範を誰でもその他の手続において援用することができる。それゆえ、ここでも、経験則は規範事実であるといえる。

以上みてきたように、規範事実は、個別具体的事案とは関連しない事実であり、ある規範の大前提を形成するために必要とされる。この意味で、経験則もまた規範事実である。[75]

3　手続法上の取扱い

（1）　規範事実に固有のレジームはあるか？

規範事実の概念的なアウトラインを以上のようにまとめることができるとしても、このアウトラインに沿って、他方で、これに対応する手続法的なレジームのアウトラインもまた設定されるかという点についてみると、この点については何も述べられていない。文献上の支配的な見解では、規範事実に関し、民事訴訟法はいかなる規定も設けていない[76] そのため、規範事実に関する手続規定は、法の継続形成という形をとって発展してきた。その際、しばしば依拠されてきたのは、民事訴訟法第二九三条[77]である。この規定には、一部では、普遍化可能なルールとの理解、つまり、「民事訴訟において大前提の形成に必要な情報を収集するというコンセプト（Informationsbeschaffungskonzept zum Zwecke der Obersatzbildung im Zivilprozeß）」を有したルールであるという理解も生まれている。[78]

リュスマンは、これに対して、そのような枠組設定は手続法的諸問題の解決には不適当であるとし、その代案として「情報処理の差別化モデル（Modell der differenzierten Informationsverarbeitung）」を展開している[79]。すなわち、このモデルによれば、手続法的レジームの決め手は、第一に、問題の事実は誰にとって利用可能なのか――いいかえれば、説明責任は誰に向けられているのか――、そして第二に、当該事実は、その他の対立事項に対しても、場合によってはさらに裁判所の訴訟コントロール機能に照らしても、重要な事実であるか否か――いいかえれば、費用負担は誰に向けられているか――、これらの判断に求められている。この第二の基準は、手続法的レジームの適用範囲に関する基準となっている。もっとも、この点は上記の支配的見解が採るアプローチにも示されており、そこでも、個別事案を超越する意義を当該事実が有していることが必要とされている。また、第一の基準についても、間接的にではあるが、支配的見解において同様に問題とされる点であり、そこでは、弁論主義の原則が妥当するか否かを決するうえで、解明を要する事実の背景や、この点に伴って、当該事実との関係の近さを問うことが必要とされている。それゆえ、リュスマン・モデルに根本的な利点を見出すことはできない。もっとも、規範事実を分離するための手続法的な基礎を見失ってはいけないという彼の指摘には汲むべきところがある。したがって、すべての規範事実を同一のルールで処理することが有効なのか否かという点は、特に重視されなければならない。

（2）　各論――カルテル法における規範事実

以下では、特にカルテル民事訴訟を取り上げて、そこでの規範事実解明の可能性について検討する。この点に関しては、ザイターが最初の一歩を始め、その後これまでに発展を遂げてきた知的成果[80]に依拠することができる。なお、ここでは、規範事実のうちでも、裁判官が、固有の法的専門知識、たとえば、過去の判例や立法資料によって明らかにしうる規範事実については考慮の対象外とする。というのは、それらが裁判官の活動に属し、証明手続に服するものではないことについては異論がないからである。

まず初めに、カルテル事件を扱う裁判所に規範事実を調査することが許されているという点については疑問の余地はない。というのは、冒頭に挙げた例から明らかなように、たとえば市場支配的地位の濫用といった要件は、経済学的なデータの入力なしには判断することができないからである。この点に関しては、民事訴訟法第二九三条においてもまた、裁判所が規範事実を調査しうるという点が肯定されている。

問題となるのは、裁判所が規範事実の調査を自身のイニシアティブで行うことが許されているか否かという点である。カルテル行政訴訟（競争制限禁止法第六三条から第八〇条）やカルテル秩序違反手続（同第八一a条—第八六条）が、職権探知型審理の原則によって支配されているのに対し、カルテル民事訴訟で用いられているのは弁論主義型審理の原則である。そこでは、当事者が事実資料を提示することとされている。もっとも、規範事実について、つまり、たとえば価格差に関する大前提やカルテル損害の証拠ルールを発展させるために必要な情報については、この原則はあてはまらない。というのは、裁判に必要な規範事実の範囲および方法の特定が、さらにいえば、規範の解釈ないし法の継続形成のための事実的基盤——カルテル法ではたいていこれが問題になる——の特定が、当事者の手に委ねられるということはありえないからである。[81] カルテル裁判所でまったく同じ法の継続形成が行われるにしても、それが行政訴訟の場合であれば規範事実の助けを借りることができるのに対し、民事訴訟では当事者の申立てがない限り規範事実を用いることはできない、というような説明には矛盾がある。そのようなことを認めた結果、民事訴訟と行政訴訟とで、用いられる法律要件が実質的に異なったものとなるような事態を認めることは一国における法秩序の一体性に反し、法的安定性にも欠けることになろう。このようにみると、規範事実に関しては、職権探知主義の原則が妥当するというべきである。加えて、この点についても、民事訴訟法第二九三条が参照されよう。その第二文では、職権調査が命じられている。

このほかにも問題とされていることがある。それは、規範事実の調査はどの範囲で許されているのか、そしてまたそうしなければならないのかという点である。学術文献では、この点に裁判官の裁量権が認められている[82]。このような考えには賛成することができる。というのは、往々にして考慮される規範事実が事案ごとに異なっているからである。一例として、競争制限禁止法第一九条第一項という大前提の中で、価格差によって効率性が向上している場合を価格差の禁止に対する例外とするか否かという点を考えてみれば、この点と関連する規範事実にはさまざまなものがありうることが分かる。たとえば、そもそも価格差によって効率性は向上しうるのか。効率性の向上によって価格差がもたらす不利益が埋め合わされるということはありうるのか。この種の例外を認めず一律に価格差を禁止すると、企業の革新性の利益を摘むことになるのか。これらの問いに対する回答には違いがあり得よう。こうした判断を裁判所の裁量に委ねるとしても、民事訴訟法第二九三条に抵触することにはならない[83]。規範事実の調査範囲は、実質的にはいまだ知られていない規範に限定されるとはいえ[84]、裁判官の義務的裁量に服する事項であり、その裁量の仕方については、一定の方向性が判例によって与えられるに至っている[85]からである。

規範事実に関しては、事実調査の方法も、やはり同様に、裁判官の裁量に服する。まず、ここで問題とする（規範）事実は、民事訴訟法でも、証拠法にいうところの事実ではないことから[86]、規範事実には証明を要しない。それゆえまた、陳述も不要とされ、規範事実は自由な証明の手続において調査されることになる[87]。それどころか、裁判官はどのような情報源でも、方式に関係なく利用することができるのであり[88]、やはりこれも民事訴訟法第二九三条で認められているとおりである[89]。その一例として、カルテル訴訟上、カルテル価格によって購買事業者が被った損害が次の市場段階に転嫁されているという点の証明責任を負うのは誰かを明らかにしなければならない場合、そしてそのために、なんらかの——実体法と関連した、それゆえまた、実体法的考慮を汲み入れた[90]——証明責任ルールが展開されなければならないという場合、規範事実として確定を要するのは、たとえば、その種の損害の転嫁は、典型的な一連の市場事象と見なされるか、といった点である。この場合の規範事実は、表見証拠（一応の証拠）を基礎付けるのに有用となろう[91]。また、このとき、裁判所は、他の訴訟で用いられた証拠ルールを参照することができる[92]。そのため、裁判所は、たとえば、一方では、ヨーロッパ委員会が作成した、ヨーロッパカルテル法違反に基づく損害賠償請求訴訟での損害定量化に関するガイドライン案[93]から、一定の知見を引き出すことができる。また他方では、右ガイドライン案の基礎をなすオクセラ・レポート（Oxera-Studie）[94]に依拠することもできるし、法律上の推定を肯定する旨のＥＵ委員会の立法論[95]を考慮したり、専門家の意見を聴取したりすることもできる。

さらにカルテル民事訴訟では、競争制限禁止法第九〇条および第九〇ａ条、ならびに二〇〇三年規則第一号第一五条により、ドイツのカルテル官庁とヨーロッパ委員会とが一定の範囲で協力することが定められている。まず、連邦カルテル庁（BKartA）と各ラントのカルテル庁は、自発的に陳述し、事実と証拠方法を提示し、期日に出頭し、意見を述べ、尋問することができる（競争制限禁止法第九〇条第二項第一文、二〇〇三年規則第一号第一五条第三項第一文）。他方、委員会は、書面および口頭で自己の態度を表明することができるし、それとともに、情報の提供を求めることもできる（競争制限禁止法第九〇ａ条第二項第一文および第五文、二〇〇三年規則第一号第一五条第三項第三文および第四文）。また逆に裁判所も、委員会に対してその態度表明を求めることができる（競争制限法第九〇ａ条第三項第一文、二〇〇三年規則第一号第一五条第一項）。以上のうち、とりわけ後者の規定は、やはりこれもまた、規範事実を調査するためのひとつの方法である。他方で、ドイツのカルテル官庁に関する規定は、どちらかといえば情報確保の要請に応じた規定であり、訴訟において公益の保護を図る規定である。[96] そこでは裁判所がカルテル庁に対し情報提供を求めることについては規定されていないが、それでもなお、カルテル庁が自発的に提供する情報は、規範事実の調査を手助けするものとなろう。この点、確かに文献で強調されているとおり、カルテル庁が提示する事実は、当事者がそれを活用していなければ、顧慮することができない。[97] しかし、このことがあてはまるのは、証拠法にいう意味での事実についてのみである。そのため、規範事実は、それがカルテル官庁によって提示されていれば、当事者の援用がなくても裁判の基礎となりうる。

もっとも、規範事実の調査が行われる場合には、法的なヒアリングの機会が、どのような手続を採るにせよ（競争制限禁止法第九〇条第二項第二文、第九〇ａ条第三項第二文を参照）、当事者に認められなければならない。[98]

裁判所は規範事実の調査を無制限に行えるわけではなく、「学問的議論が尽くされた判決（wissenschaftlich ausdiskutierte Entscheidungen）」を下せるわけでもない。[99] 適切な判断の基礎を示せば、それで足りる。[100] その際、とりわけ上訴審裁判所には、その責任において、規範事実の積み重ねを通じた大前提の基礎付けを、ある程度緩やかに行うことが求められる。また他方では、訴訟経済および集中審理の原則によっても、規範事実の調査に一定の限度が画されることになる。最後に、裁判は、立法とは異なり、事案の個別具体性を足がかりとして、漸進的に発展するということもまた考慮されなければならない。そのため、裁判を通じて大前提の形成を行う場合には、当該大前提の包括的な概念構造を大きく揺るがす結果はもたらされない方がよいし、またもたらしてはいけない[101]と考えられている。

客観的な証明責任、つまり、いずれの当事者が、規範事実を解明できないことのリスクを負うかに関するルールは、存在しない。[102] 大前提は、規範事実によるサポートがあってはじめて、形成される。たとえば、カルテルによって引き上げられた価格の影響は、典型的に次の市場段階に転嫁されるということを裁判所が確定できなければ、証拠法上も、そのような内容の大前提は形成されない。同様に、合理的な給付能力を有する競争事業者という基準から、同等に効率的な競争事業者という基準への転換がなされたのも、後者の基準がより適切であるということが裁判所によって確定されえたからである。客観的な証明責任に関しては、これをその法律要件の中で取り上げることのできるような規範が存在しない[103]。規範事実が確定されなかったことのリスクがいずれの当事者に降りかかるかは、まったく偶然によることになる。

規範事実の調査費用は手続費用であり、現行法上は、民事訴訟法第二九三条が適用される場合と同様、当事者が負担することになる。しかし、さまざまな文献において、この点は不当であると受け止められてきた[104]。競争制限禁止法第八九a条では、訴額の引き下げが可能とされているが、同条が目的としているのは、一定の要件のもとで、当事者が特殊な経済的リスクを負っている場合を考慮することであり、やはり規範事実の調査費用の負担に関しては、この点は格別に役立ちうるようなものではない。

規範事実に関しても、民事訴訟法第二八六条に定められた証拠の評価基準が妥当するか否か、つまり、裁判所は、規範事実について心証を得ていなければならないか否かという点をめぐっては、争いがある。すなわち、支配的な見解では、規範事実については独自の評価基準が設けられなければならないとされているが[105]、その一方で、法を新たに形成することと、法を再編することとの区別を図ろうとする見解もある[106]。もっとも、カルテル法についてみれば、そうした区別はなんら実用的なものではない。考慮されることになる大前提や規範事実が多種多様であることに着目すれば、「心証の基準」を抽象的に決定することは不可能である。それは、裁判官によって主張されたある規範の解釈につき、裁判官自身の心証が得られていることを要求するのと同じくらい、ほとんどありえないことである。

なお、ここでは規範事実に関する法的保護の態様について深く掘り下げることはできないが、規範事実について上告できること、[107] そして、上告裁判所もまた新たな規範事実の調査を行ってよいこと、[108] これらについては意見の一致が見られる点を付記しておこう。

(47) このとき、二〇〇三年規則第一号第三条第二項第二文によれば、国内裁判所は、ヨーロッパ裁判所とは別個に決定を下しうる。
(48) *Hopt*, Was ist von den Sozialwissenschaften für die Rechtsanwendung zu erwarten?, JZ 1975, 341, 343 ff.; *Foerste*,（前注（5））, § 284 Rn. 3. また、後述の本文を参照。
(49) *Lames*,（前注（10））, S. 55 f.; *Rüßmann*, Normtatsachen, KritV 1991, 403, 407 ff. そこでは、訴訟法的問題は、本文で述べた区別によってではなく、むしろ、当該事実を用いることができるのは誰か、およびそうした事実がその後の訴訟に対しても意義を有するものか否か、これらによって解決されると述べられる。
(50) *Lames*,（前注（10））, S. 54. また、*Friedrich Müller*, Richterrecht – rechtstheoretisch formuliert, in: Richterliche Rechtsfortbildung. Erscheinungsformen, Auftrag und Grenzen, FS der Juristischen Fakultät zur 600-Jahr-Feier der Ruprecht-Karls-Universität Heidelberg, Heidelberg 1986, S. 65, 71. 法の適用というプロセスには、さまざまなエッセンスが凝縮されているといえよう。
(51) *Philippi*, Tatsachenfeststellungen des Bundesverfassungsgerichts, Köln 1971, S. 6 f.
(52) *Hopt*, JZ 1975, 341, 343 ff..
(53) *Mayer-Maly*, Die politische Funktion der Rechtsprechung, DRiZ 1971, 325 ff.; *Hilger*, Überlegungen zum Richterrecht, FS Larenz, München 1973, S. 109, 119 ff.
(54) *Seiter*,（前注（13））, S. 573 ff.
(55) *Seiter*,（前注（13））, S. 587.
(56) *Seiter*,（前注（13））, S. 576 Fn. 11.
(57) さらに、ここでは詳しく取り上げてはいないが、普通取引約款法（AGB-Recht）上のクラスアクションも挙げられている。
(58) *Eike Schmidt*,（前注（2））, S. 807, 810 f.
(59) *Eike Schmidt*, Wandlungen im Zivilprozeß und Relationstechnik, RuP 1980, 106, 109; 同,（前注（2））, S. 811.
(60) *Eike Schmidt*,（前注（2））, S. 811.

(61) この概念についてはすでに *Philippi*,（前注(51)), S. 7. で紹介されている。

(62) *Hirte*, Der amicus-curiae-brief – das amerikanische Modell und die deutschen Parallelen, ZZP 104 (1991), 11 ff., とくに 47 ff.

(63) *Rüßmann*, KritV 1991, 402, 403 f.

(64) *Prütting*,（前注(3)), § 284 Rn. 44.

(65) *Konzen*, Normtatsachen und Erfahrungssätze bei der Rechtsanwendung im Zivilprozess, FS Gaul, Bielefeld 1997, S. 335 ff.

(66) *Seiter*,（前注(13)), S. 581.

(67) *Stein*, Das private Wissen des Richters, Leipzig 1893, S. 40 ff., 特に 42.

(68) *Rosenberg/Schwab/Gottwald*,（前注(5)), § 111 Rn. 11; *Danner*, Justizielle Risikoverteilung durch Richter und Sachverständige, Berlin 2001, S. 293 f., そこではさらに、経験則の第三の役割として、「法的概念の用い方を規定する」ことが挙げられている。

(69) 参照されるのは、*Konzen*,（前注(65)), S. 342 f. である。そこでは、経験則は常に規範事実を基礎としているとされる。また、*Seiter*,（前注(13)), S. 581 では、これらを同一視することはできないとされ、*Foerste*,（前注(5)), § 284 Rn. 4 では、経験則は規範事実に「似ている」とされる。そのほか、参照されるのは *Oestmann*, Die Ermittlung von Verkehrssitten und Handelsbräuchen im Zivilprozeß, JZ 2003, 285 ff.

訴訟法的な分類で取引慣行をみると、これは経験則として分類されるし、しかるにまた規範としても分類される。

(70) *Danner*,（前注(68)), S. 276; *Altehenger*, Der Allgemeine Sprachgebrauch – ein Erfahrungssatz?, in: FS Krämer, Berlin 2009, S. 413, 419.

(71) たとえば、理論的認識もまた規範事実となりうる。

(72) そのような見解として *Danner*,（前注(68)), S. 347.

(73) 後者の説明に関して、KG, 1.10.2009, 2 U 17/03 – Zementkartell, Leitsatz 7b.

(74) *Leipold*, in: Stein/Jonas, Kommentar zur ZPO, Tübingen 2008, § 284 Rn. 17; Rosenberg/Schwab/*Gottwald*,（前注(5)), § 111 Rn. 11. これにならうのは *Hergenröder*,（前注(46)), S. 387; *Prütting*,（前注(3)), § 284 Rn. 44. また、上訴の観点から参照されるのは *Gottwald*, Die Revisionsinstanz als Tatsacheninstanz, Berlin 1975, S. 163. 一般的な事実は大前提として機能する。

(75) ある規範が商慣習や取引慣行と結び付いている場合であっても、規範事実は問題となる。というのは、その慣習ないし慣行は、当該規範の要件を充足するものであるかをまず明らかにする必要があるからである。規範としての取扱いについては、*Oestmann*, JZ 2003, 285 ff.; anders wohl die h.M., z. B. BGH NJW-RR 2009, 715 Rn. 14.

（76） *Foerste*,（前注（5））, § 284 Rn. 3: とりわけ法の継続形成事実には、独自のルールが妥当するといえよう。
（77） 後述の本文を参照のこと。他方で *Lames*,（前注（10））, S. 58.
（78） Danner,（前注（68））, S. 413.
（79） *Rüßmann*, KritV 1991, 402, 405 ff.
（80） 後述の本文を参照のこと。
（81） *Seiter*,（前注（13））, S. 590.
（82） *Seiter*,（前注（13））, S. 588.
（83） そのほか *Konzen*,（前注（65））, S. 348.
（84） *Prütting*,（前注（3））, § 293 Rn. 16.
（85） 詳しくは *Saenger*, in: Hk-ZPO, 4. Aufl. Baden-Baden 2011, § 293 Rn. 18.
（86） *Rosenberg/Schwab/Gottwald*,（前注（5））, § 111 Rn. 3.
（87） もっとも *Seiter*,（前注（13））, S. 590.
（88） *Danner*,（前注（68））, S. 431 f.; *Hergenröder*,（前注（46））, S. 408 ff., 415.
（89） *Prütting*,（前注（3））, § 293 Rn. 49.
（90） *Seiter*,（前注（13））, S. 590.
（91） 参照されるのは、BGH, 28.6.2011, KZR 75/10 – ORWI, Rn. 45. である。同判決では、「推定」が働くか否かが問題となり、推定は働かないと判断された。
（92） BGH, 28.6.2011, KZR 75/10 – ORWI, Rn. 45.
（93） EU-Kommission, Juni 2011, Rn. 142–151. 以下のURLで参照できる。http://ec.europa.eu/competition/antitrust/actionsdamages/quantification_en.html（二〇一二年八月三一日最終閲覧）.
（94） *Komninos* et. al., Oxera-Report, Quantifying antitrust damages, 2009, S. 116–122, http://ec.europa.eu/competition/antitrust/actionsdamages/quantification_study.pdf（二〇一二年八月三一日最終閲覧）.
（95） Kommission, Weissbuch Schadenersatzklagen wegen Verletzung des EG-Wettbewerbsrechts, KOM (2008) 165 endg., S. 9, http://eur-lex.europa.eu/LexUriServ/LexUriServ.do?uri=COM:2008:0165:FIN:DE:HTML（二〇一二年八月三一日最終閲覧）.
（96） *Karsten Schmidt*, in: Immenga/Mestmäcker, GWB, 4. Aufl. München 2007, § 90 Rn. 1.

(97) *Karsten Schmidt*,（前注(96)）, § 90 Rn. 8; *Bumiller*, in: Wiedemann (Hrsg.), Handbuch des Kartellrechts, 2. Aufl., München 2008, § 59 Rn. 96.
(98) *Seiter*,（前注(13)）, S. 589.
(99) 立法手続に関して参照されるのは、*Hergenröder*,（前注(46)）, S. 337. である。
(100) 参照されるのは、*Philippi*,（前注(51)）, S. 187. である。
(101) *Hergenröder*,（前注(46)）, S. 357; *Wank*, Grenzen richterlicher Rechtsfortbildung, Berlin 1978, S. 203 f.
(102) *Danner*,（前注(68)）, S. 482 ff., 492 ff.
(103) *Konzen*,（前注(65)）, S. 355.
(104) *Seiter*,（前注(13)）, S. 590 Fn. 57; *Eike Schmidt*,（前注(2)）, S. 815; *Hopt*, JZ 1975, 341, 348; *Hergenröder*,（前注(46)）, S. 453 ff.
(105) *Lames*,（前注(10)）, S. 63 f.
(106) *Hergenröder*,（前注(46)）, S. 430 f.
(107) *Rosenberg/Schwab/Gottwald*,（前注(5)）, § 142 Rn. 8.
(108) *Hergenröder*,（前注(46)）, S. 441 ff. ほかを参照。

五　まとめ

記述的競争経済学および規範的競争経済学、法の経済的分析、そして法廷経済学というそれぞれの経済学的動向が、カルテル法にさまざまな影響を及ぼしてきたことにより、学際的作業の新たな必要性が民事訴訟の分野においても認識されるようになった。こうした学際的作業を手続法の分野に組み込むためには、包摂事実と規範事実とを区別することが有益である。裁判所が規範事実の調査を行う場合、手続法は、包摂事実の調査局面よりもはるかに広い裁量の余地を裁判所に認めている。つまり、規範事実の調査は、職権探知型審理の原則に則って行われ、裁判所は、判断を与えるうえでの相当性、訴訟経済および集中審理の原則、これら三つによって画定される限度内で、義務的裁量に基づき、規範事実調査の範囲と方法を決定することができる。とりわけ重要なのは、裁判所がカルテル官庁の態度表明を当事者の申立てとは無関係に利用できるという点である。もちろん裁判所は、当事者がヒアリングを求める権利を顧慮しなければならない。

カルテル法分野の大前提を形成するという重要な作業に際して、手続法上認められている以上のような自由は、さらなる学際的な対話の余地を拓くものであるが、また他方で、そのような対話が進めば、判決にはよりよい基礎が与えられることとなろう。たとえば、ヨーロッパ裁判所が行った不可欠性の要件構築作業のように、十分な理由付けを持たない判決はあってはならない。規範事実に対する手続ルールの適用が意識的に行われるようになれば、カルテル民事訴訟はより魅力的なものとなろう。ただ、カルテル民事訴訟における不利な条件のひとつとして挙げられているのは、当事者の説明責任である。[109] それでも、規範事実を申し立て、それを証明する責任は、当事者には課されていないという考えが認められるならば、やはりカルテル民事訴訟こそが、カルテル法の実施とその弛まぬ発展にますます寄与するようになろう。

もちろん、規範事実の調査に関しては、立法論上もさらにこれを支える措置を考えることができる。第一に考えられるのは、規範事実の調査手続に関する前述の各認識を明文化することであろう。そのそれぞれに対応する提案はすでに行われている。[110] また、競争制限禁止法第九〇条を、同法第九〇a条に合わせて調整することを考えれば、裁判所に、国内カルテル官庁に対して態度表明を求める権利を与えるという手段が考えられよう。さらに、規範事実の調査費用を国家の負担とすることも考えられる。このほか、文献に見られる提案には、上訴審裁判所が大前提の形成を一括して行うことや[111]、法的判断制度の導入（die Einführung eines Rechtsentscheids）[112]などがある。しかしながら、これらの提案は、一連の審級制度というこれまで培われてきた管轄秩序にとっては、過剰な介入となろう。

(109) *Bumiller*,（前注(97)），§ 59 Rn. 93.

(110) *Prütting*, Prozessuale Aspekte richterlicher Rechtsfortbildung, in: FS der Rechtswissenschaftlichen Fakultät zur 600-Jahr-Feier der Universität zu Köln, Köln 1988, S. 305, 323.

(111) *Eike Schmidt*,（前注(2)），S. 814.

(112) *Schneider*, Die Heranziehung und prozeßrechtliche Behandlung sog. Rechtsfortbildungstatsachen durch die Gerichte, S. 139 ff.

索　　引

ア行

一応の証拠　120
一般地域疾病保険事業者
全国連合会事件　70, 73, 82, 84
エーラース　63
エッサー　46
オクセラ・レポート　132
オムニバス第二指令　7

カ行

カナーリス　46
カルテル法の経済学化　111, 123
記述的競争経済学　138
規範的競争経済学　138
競争経済学　111
金融一元化　4
金融コングロマリット指令　4, 7
グロスフェルト　63
経験則　126
ケック判決　78
コロサー　43
コンツェン　126

サ行

ザイター　125, 129
支払能力に関する第一指令　4
支払能力に関する第二指令
4, 12, 39, 79, 84, 93
シュタイン　126
出身国原則　3
シュミット　46, 105, 125
庄菊博　63
スペイン疾病保険事業者
全国連合会事件　73
生命保険指令　6, 16
損害保険指令　16
損害保険第一指令　6

タ行

第三次保険指令　3
テリア・ソネラ社事件　113
ドイツ・コーポレート・
ガヴァナンス基準　8, 29

ハ行

バーゼル第二規則　5
ハイニッヒ　46
BKK モービル石油事件　69
表見証拠　120
ヒルテ　125
比例性原則　23
不公正な業務取扱要領に関する
指令　87
ベァマン　47
ヘェーレン　43
ヘェフナー・エルザー事件　73
ベルギー対ヨーロッパ委員会事件
95

ヘルティ事件 29, 35
法廷経済学 113, 121, 123, 138
法の経済的分析 112, 138
法の継続形成 124
保険事業者グループに関する指令 4, 7
ボルク 57
本拠地国原則 3

マ行

メェラース 46

ヤ行

ヨーロッパ委員会対イタリア事件 73

ラ行

リュスマン 126, 129
連帯行動の原則 94
ローレンツ 72

ペートラ・ポールマン教授著作目録

Prof. Dr. Petra Pohlmann: **Schriftenverzeichnis**

Habilitationsschrift（大学教授資格取得論文）

Der Unternehmensverbund im Europäischen Kartellrecht, Berlin 1999, 460 S. (Besprechung: Lübbig, CMLRev. 2001, 235-237).

Dissertation（法学博士学位取得論文）

Die Heilung formnichtiger Verpflichtungsgeschäfte durch Erfüllung, Berlin 1992, 230 S. (Besprechungen: Kanzleiter, DNotZ 1993, 414-415; Böttcher, Rpfleger 1993, 306; Lammel, ZMR 1993, 246-247; Wacke, AcP 1995, 212-219).

Mitherausgeberschaften（共編著）

Kommentar zum VAG, 5. Aufl., München 2012 (zusammen mit Fahr, Kaulbach, Bähr), 1023 S.

Frankfurter Kommentar zum Kartellrecht, Köln, Loseblatt (zusammen mit Jaeger, Schroeder).

Kommentar zum VVG (zusammen mit Looschelders), 2. Aufl., Köln 2011, 2818 S.

Veröffentlichungen der Forschungsstelle für Versicherungswesen - Universität Münster (zusammen mit Berens, Dörner, Ehlers, Schulze, Schwienhorst, Steinmeyer).

Europäische Dimensionen des Vertragsrechts und des Wettbewerbsrechts, Münster 2005 (zusammen mit Jansen/Staudenmayer/van den Bossche).

Festschrift für Helmut Kollhosser, Recht und Risiko, Karlsruhe 2004 (zusammen mit Bork, Hoeren).

Lehrbuch（教科書）

Zivilprozessrecht, Reihe Lernbücher Jura, 3. Aufl., München 2014, 426 S., (Besprechungen der 1. Aufl: Neureither, JuS 2009, 1159 - eines der Ausbildungsbücher des Jahres 2009; Kodek, ZZP 123 (2010), 118-119; Würdinger, JuS Magazin 2009, 25; Löw, Marburg Law Review 2009, 133; Besprechung der 2. Aufl.: Piekenbrock, ZZP 2013, 131-134).

Kommentierungen（注釈書）

§§ 13a bis 13c, 104k–111g, 122–133a VAG, in: Fahr/Kaulbach/Bähr/Pohlmann, Kommentar zum VAG, 5. Aufl., München 2012 (insges. 192 S.).

Vor § 1 VAG, in: Fahr/Kaulbach/Bähr/Pohlmann, Kommentar zum VAG, 5. Aufl., München 2012 (zusammen mit Kaulbach), 1–12.

§§ 1, 6, 7, 28 VVG, Einleitung (AVB), in: Looschelders/Pohlmann, Kommentar zum VVG, 2. Aufl., Köln 2011 (insges. 256 S.).

VVG-InfoV (zusammen mit D. Schäfers), in: Looschelders/Pohlmann, Kommentar zum VVG, 2. Aufl., Köln 2011, 2101–2171.

§§ 48–58, 67 des Wertpapiererwerbs- und Übernahmegesetzes, in: Kölner Kommentar zum WpÜG, 2. Aufl., Köln 2010, 1689–1764, 1896.

§§ 1030–1089 BGB (Nießbrauch) in: Münchener Kommentar zum BGB, 6. Aufl., München 2013, 1608–1794.

Kapitel „Grundfragen des Art. 81 Abs. 3", in: Frankfurter Kommentar zum Kartellrecht, Köln 2008, 1–250.

Kapitel „Veränderungen der Unternehmensstruktur" (einschließlich kooperative Gemeinschaftsunternehmen) im Rahmen von Art. 101 EG, in: Münchener Kommentar zum Wettbewerbsrecht, 2. Aufl. München 2015, 784–853.

Chapter „Changes to the Structures of Undertakings" (including cooperative joint ventures), in: Brussels Commentary on European Competition Law, 2008, 539–609; Übersetzung des vorgenannten Beitrags (2. Aufl. im Druck).

§ 37u WpHG (Beschwerde), in: Kölner Kommentar zum WpHG, Köln u. a. 2007, 2403–2412.

Aufsätze（学術研究論文）

Verjährung nach der EU-Richtlinie 2014/104 zum Kartellschadensersatz, WRP 2015, Heft 5, 546.

Zum Unternehmensbegriff im Verbraucherschutzrecht, Wettbewerbsrecht und Versicherungsaufsichtsrecht der Europäischen Union, in: Wandt/Reiff/Looschelders/Bayer (Hrsg.), Festschrift für Egon Lorenz zum 80. Geburtstag, Karlsruhe 2014, 327–344.

Helmut Kollhosser, in: Thomas Hoeren (Hrsg.), Münsteraner Juraprofessoren, Münster 2014, 335–348.

Intertemporales Verjährungsrecht beim Kartellschadensersatz, WuW 2013, 357–370.

Aufsichtsrechtliche Anforderungen an Schlüsselfunktionsträger in Versicherungsunternehmen, in: Looschelders, Dirk/ Michael, Lothar (Hrsg.), Düsseldorfer Vorträge zum Versicherungsrecht, 2012, 2013, 29–82.

Normtatsachen im Kartellzivilprozess – Am Beispiel der Kosten-Preis-Schere, in: Bruns/Kern/Münch/Piekenbrock/Stadler/Tsikrikas (Hrsg.), Festschrift für Stürner, Band 1, 2013, 435–454.

Die Leitlinien der Europäischen Kommission zur sog. Unisex-Richtlinie – Rechtsnatur und Wirkungen, in: Gedächtnisschrift für Hübner, 2012, 209–220.

Keine Sanktionen bei Verletzung von Obliegenheiten aus Alt-AVB? in: NJW 2012, 188–193.

Principles-based insurance regulation: Lessons to be learned from the comparison of EU and German law of risk management, in: Burling/Lazarus, Handbook on International Insurance Law and Regulation, 2012, 329–354.

Update: Musterversicherungsbedingungen nach Wegfall der GVO: Paradise regained? in: WuW 2011, 379–380.

Die Oxera-Studie zur Berechnung von Schäden durch Kartellverstöße – Ein „too economic approach“?, in: Festschrift für Franz Jürgen Säcker, 2011, 911–924.

Verfahrensrecht für ein ökonomisiertes Kartellrecht: Der Beurteilungsspielraum der Kommission, in: Bechtold/Jickeli/Rohe, Recht, Ordnung und Wettbewerb, Festschrift für Wernhard Möschel, Baden-Baden 2011, 471–487.

Private Losses in European Competition Law: Public or Private Enforcement? in: Schulze (Hrsg.), Compensation of Private Losses – The Evolution of Torts in European Business Law, München 2011, 157–163.

Musterversicherungsbedingungen nach Wegfall der GVO: Paradise lost? in: WuW 2010, 1106–1118.

Probleme der Rezeption US-amerikanischen Kartellrechts („more economic approach") im europäischen Kartellrecht, in: Ebke/Elsing/Großfeld/Kühne, (Hrsg.), Das deutsche Wirtschaftsrecht unter dem Einfluss des US-amerikanischen Rechts, Festschrift für Otto Sandrock, Frankfurt 2011, 69–75.

Der Umfang der materiellen Rechtskraft im Zivilprozess, in: Ad legendum 2010, 295–302 (zusammen mit Ch.Walz).

Viel Lärm um Nichts – Beratungspflichten nach § 6 VVG und das Verhältnis zwischen Beratungsaufwand und Prämie, in: VersR 2009, 327–330.

Beweislast im Versicherungsrecht, in: E. Lorenz (Hrsg.), Karlsruher Forum 2008, Karlsruhe 2008, 55–115.

Beweislast für das Verschulden des Versicherungsnehmers bei Obliegenheitsverletzungen, in: VersR 2008, 437–443.

Rechtsschutz der Aktionäre der Zielgesellschaft im Wertpapiererwerbs- und Übernahmeverfahren, in: ZGR 2007, 1–36.

Auf dem Weg zur Europäisierung nationalen Kartellrechts, in: Jansen/Staudenmayer/van den Bossche/Pohlmann (Hrsg.), Europäische Dimensionen des Vertragsrechts und des Wettbewerbsrechts, Münster 2005, 71–81.

Keine Bindungswirkung von Bekanntmachungen und Mitteilungen der EG-Kommission, in: WuW 2005, 1005–1009.

Einführung in die Fusionskontrolle, in: Ad legendum 2005, 138–145.

Die europafreundliche Auslegung des deutschen Kartellrechts (§ 23 RegE GWB), in: Perspektiven des Wettbewerbs in Deutschland, Vorträge des XXXVIII. FIW – Symposiums, FIW-Schriftenreihe, Heft 213, Köln 2007, 41–73.

Verjährung, in: JURA 2005, 1-8.

Die Regelungen für Versicherungsunternehmen im Regierungsentwurf des GWB, in: VersR 2005, 171-177, (mit S. Orlikowski-Wolf).

Medienbeteiligungen politischer Parteien aus kartellrechtlicher Sicht, in: Morlok/ v. Alemann/Streit (Hrsg.), Medienbeteiligungen politischer Parteien, Baden-Baden 2004, 51-59.

Formalisierte Beschwerdebefugnis in GWB und WpÜG - ein untaugliches Modell, in: Recht und Risiko, Festschrift für Kollhosser, Karlsruhe 2004, 539-557.

Doppelkontrolle von Gemeinschaftsunternehmen im europäischen Kartellrecht - Eine Zwischenbilanz, in: WuW 2003, 473-491.

Vom Verzug zur verspäteten Leistung, in: Dauner-Lieb/Konzen/Karsten Schmidt, Die Schuldrechtsreform in der juristischen Praxis, Köln u. a. 2003, 273-289.

Rechts- und Parteifähigkeit der Gesellschaft bürgerlichen Rechts - Folgen für Erkenntnisverfahren, Zwangsvollstreckung und freiwillige Gerichtsbarkeit, in: WM 2002, 1421-1432.

GmbH-Anteilskauf: Formzwang für Nebenabreden und Vertragsübernahme; Heilung bei Veräußerungskette, in: GmbHR 2002, 41-47.

Die Marktbeherrschungsvermutungen des GWB im Zivilprozeß, in: ZHR 164 (2000), 589-610.

Der sogenannte „Verzicht" auf eine Bedingung im Sinne von § 158 BGB, in: Münsterische Juristische Vorträge, Band 6, 47 S., Münster 1999.

Zusammentreffen von eigenkapitalersetzender Nutzungsüberlassung mit Grundpfandrechten, in: DStR 1999, 595-600.

GWB-Novelle: Der neue Zusammenschlußtatbestand des Fusionskontrollrechts, in: DZWir 1998, 397-401.

Die Vorschläge der Europäischen Kommission zu einer Änderung der Fusionskontrollverordnung, in: EWS 1997, 181-186.

Heilung eines formnichtigen Kaufs von GmbH-Anteilen, in: GmbHR 1995, 412–417.

Zustandekommen wettbewerbsrechtlicher Unterlassungsverträge durch Verwarnung und Unterwerfungserklärung, in: BB 1995, 1249–1251.

Die Wahrung der Vollziehungsfrist des § 929 Abs. 2 ZPO bei Arrest und einstweiliger Verfügung, in: KTS 1994, 49–66.

Zur Frage, wann ein Titel im Sinne von § 929 Abs. 2 und § 945 ZPO vollzogen ist – Zugleich Besprechung der Urteile des BGH vom 13. 4. 1989 -IX ZR 148/88 (NJW 1990, 122), vom 25. 10. 1990 -IX ZR 211/89 (NJW 1991, 496) und vom 22. 10. 1992 -IX ZR 36/92 (NJW 1993, 1076), in: WM 1994, 1277–1283.

Streng- und Freibeweis in der Freiwilligen Gerichtsbarkeit, in: ZZP 1993, 181–213.

Das Rechtsschutzbedürfnis bei der Durchsetzung wettbewerbsrechtlicher Unterlassungsansprüche, in: GRUR 1993, 361–371.

Formbedürftigkeit und Heilung der Aufhebung eines Grundstückskaufvertrages, in: DNotZ 1993, 355–364.

Anmerkungen（判例研究・判例解説等）

Anmerkung zu EuGH, Urteil v. 3.5.2011 – C-375/09 – Tele 2 Polska, in: LMK 2011, 320463 (Keine Feststellung des Nichtvorliegens eines EU-Kartellverstoßes durch nationale Kartellbehörden).

Anmerkung zu EuGH, Urteil v. 17.2.2011 – C-52/09 – TeliaSonera, in: LMK 2011, 316705 (Margin Squeeze) (mit H. Auf'mkolk).

Case Comment on Düsseldorf Higher Regional Court, 17 September 2008 – VI-Kart 11/07 (V) – Versicherungsstelle Wiesbaden, demnächst in: e-competitions, (Marktabgrenzung in der Vermögensschadenhaftpflichtversicherung) (mit Ch. Wissing).

Anmerkung zu BGH, Beschl. v. 7. 11. 2006 – KVR 39/05 – Radio TON, in: LMK 2007 (Auslegung der Mehrmütterklausel des GWB).

Anmerkung zu BGH, Urt. v. 12. 1. 2006 – IX ZR 131/04, in: LMK 2006 (Rechte der Gläubigers nach Überweisung eines Nießbrauches zur Ausübung).

Anmerkung zu BGH, Urt. v. 2. 6. 2005 – V ZB 32/05 in: EWiR 2005, 715–716 = EWiR § 10 WEG 1/05 (Rechtsfähigkeit der Wohnungseigentumsgemeinschaft).

Anmerkung zu BGH, Urt. v. 9. 2. 2005 – VIII ZR 22/04, in: LMK 2005 (Haftung des Erwerbers für Verzug des Vermieters).

Anmerkung zu BGH, Urt. v. 9. 6. 2004 – I ZR 187/02, in: LMK 2005, 10–11 (kein übertriebenes Anlocken durch Gutscheine) (mit. J. Heyers).

Anmerkung zu EuGH, Urt. v. 25. 3. 2004 – Rs C-71/02, in: EWiR 2004, 1083–1084 = EWiR Art. 28 EG 1/04 (Werbebeschränkungen; Maßnahmen gleicher Wirkung).

Anmerkung zu BGH, Urt. v. 11. 4. 2002 – I ZR 225/99, in: EWiR 2004, 1055–1056 = EWiR § 1 UWG 1/03 (Kein übertriebenes Anlocken durch Gewinnspiel im Radio).

Anmerkung zu BGH, Urt. v. 16. 3. 2004 – XI ZR 335/02, in: LMK 2004, 174–175 (Verschlechterung der Stellung des Drittwiderspruchsklägers, der zur Einstellung der Zwangsvollstreckung einer Prozessbürgschaft stellt).

Anmerkung zu BGH, Urt. v. 8. 4. 2003 – KZR 3/02, in: JR 2004, 197–199 (Preisbindungsverbot und Werbung „1 Riegel extra“).

Anmerkung zu BGH, Urt. v. 20. 5. 2003 – KZR 27/02, in: EWiR 2004, 289–290 = EWiR § 14 GWB 2/04 (Preisbindung durch Franchisegeber II).

Anmerkung zu BGH, Urt. v. 27. 6. 2002 – I ZR 86/00, in: WuB V B. § 3 UWG 1.03 (Wettbewerbswidrigkeit unrichtiger Kontostandsauskunft).

Anmerkung zu BGH, Urt. v. 13. 6. 2002 – VII ZR 321/00, in: EWiR 2003, 147–148 = EWiR § 311 b BGB 1/03 (Keine Beurkundungspflicht für Bauvertrag).

Anmerkung zu BayObLG, Beschl. v. 31. 10. 2002 – 2Z BR 70/02, in: EWiR 2003, 107–109 = EWiR § 705 BGB 1/03 (Grundbuchfähigkeit der Gesellschaft bürgerlichen Rechts).

Anmerkung zu BGH, Urt. v. 20. 12. 2001 – I ZR 227/99, in: WuB V B. § 1 UWG 5.02 (Werbefinanzierte Telefongespräche; Laienwerbung), (mit. S. Kerfs).

Anmerkung zu BGH Urt. v. 11. 12. 2001 - KZR 5/00, in: LM H. 10/2002, Bl. 1946–1947r = § 20 GWB Nr. 28 (Diskriminierende Zahlung unterschiedlicher Preise durch marktbeherrschende Krankenkasse - „Privater Pflegedienst“).

Anmerkung zu BGH Urt. v. 4. 12. 2001 - X ZR 167/99, in: LM H. 5/2002, Bl. 834–835r = § 530 BGB Nr. 17 (Fehlen eines Wettbewerbsverbots schließt Bewertung einer Konkurrenztätigkeit als groben Undank i. S. v. § 530 Abs. 1 BGB nicht aus).

Anmerkung zu BGH, Urt. v. 21. 11. 2001 - XII ZR 162/99, in: LM H. 4/2002, Bl. 689r–691 = § 554 ZPO Nr. 50 (Zulässigkeit neuer Tatsachen in der Revision, hier: Aufrechnung mit Zugewinnausgleichsforderung).

Anmerkung zu KG, Beschl. v. 10. 10. 2001 - Kart 30/99, in: EWiR 2002, 161–162 = EWiR § 28 GWB 1/02 (Kartellrechtliche Privilegierung landwirtschaftlicher Erzeugerbetriebe).

Anmerkung zu BGH, Urt. v. 21. 9. 2001 - II ZR 331/00, in: ZZP 2002, 103–109 (Rechts- und Parteifähigkeit der Gesellschaft bürgerlichen Rechts).

Anmerkung zu OLG Hamburg, Urt. v. 13. 4. 2000 - 3 U 285/98, in: EWiR 2001, 229–230 = EWiR Art. 81 EG 1/01 (Abgrenzung Handelsvertreter/Eigenhändler, Bezugsbindung als Treuepflicht des Handelsvertreters).

Anmerkung zu BGH, Urt. v. 1. 12. 1999 - I ZR 130/96 - in: JR 2001, 67–69 (Vertriebsbindung, Lückenlosigkeit, Ausnutzung fremden Vertragsbruchs - „Außenseiteranspruch II“).

Anmerkung zu BGH, Beschl. v. 18. 1. 2000 - KVR 23/98, in: EWiR 2000, 823–824 = EWiR § 20 GWB 1/2000 (Räumlich relevanter Nachfragemarkt, Fehlen wesentlichen Wettbewerbs zwischen Nachfragern, vergabefremde Kriterien – „Tariftreueerklärung II“).

Anmerkung zu EuGH, Urt. v. 4.5. 1999 - C 108/97, 109/97, in: WuB 2000, 485–488 = WuB V F. - 1.00 (Europäisches Markenrecht, geographische Herkunftsbezeichnung, Freihaltebedürfnis), (mit. S. Orlikowski-Wolf).

Anmerkung zu BGH, Urt. v. 26.11.1999 - V ZR 251/98, in: EWiR 2000, 323–324 = EWiR § 313 BGB 2/2000 (Umfang des Formerfordernisses beim Grundstückskauf, zulässiger Umfang einer Unterwerfungserklärung).

Anmerkung zu BGH, Beschl. v. 22.07.1999 - KVR 12/98, in: WuB 2000, 193-196 = WuB V A. § 19 GWB 1.00 (Preisspaltung, Mißbrauch von Marktmacht), (mit S. Orlikowski-Wolf).

Anmerkung zu OLG Hamburg, Urt. v. 29. 7. 1999 - 3 U 181/99, in: EWiR 1999, 1075-1076 = EWiR § 24 MarkenG 1/99 (Gemeinschaftsrechtliche Erschöpfung des Markenrechts).

Anmerkung zu BGH, Urt. v. 14. 1. 1999 - I ZR 203/96, in: EWiR 1999, 667-668 = EWiR § 1 UWG 10/99 (Keine zeitliche Begrenzung des ergänzenden wettbewerbsrechtlichen Leistungsschutzes ohne Wegfall der wettbewerbsrechtlichen Eigenart).

Anmerkung zu OLG Frankfurt, Urt. v. 17. 6. 1998 - 13 U 348/96, in: WuB 1999, 647-650 = WuB V B. § 3 UWG 1.99 (Verbraucherleitbild, irreführende Werbung an Geldautomaten), (mit S. Orlikowski).

Anmerkung zu BGH, Urt. v. 8. 10. 1998 - I ZR 187/97, in: WuB 1999, 273-276 = WuB V C. § 1 ZugabeVO 1.99 (Werbung für Mobiltelefon und Netzkartenvertrag).

Anmerkung zu BGH, Urt. v. 25. 3. 1998 - VIII ZR 185/96 (ZIP 1998, 908) und BGH, Urt. v. 21. 9. 1994 - VIII ZR 257/93 (NJW 1994, 3227), in: NJW 1999, 190-192 (Verzicht auf die aufschiebende Bedingung einer GmbH-Anteilsübertragung).

Anmerkung zu BVerfG, Beschl. v. 4. 6. 1998 - 1 BvR 2652/95, in: WuB 1998, 949-952 = WuB V B. § 6 b UWG 1.98 (Großhandelsprivilegien für die Metro; Verfassungsmäßigkeit der Metro-Rechtsprechung des BGH).

Anmerkung zu BGH, Urt. v. 17. 3. 1997 - II ZB 3/96, in: JR 1997, 506-507 (Körperschaft des öffentlichen Rechts als Unternehmen im Sinne des Konzernrechts; Pflicht zur Aufstellung eines Abhängigkeitsberichts; Beschwerdebefugnis im FGG-Beschwerdeverfahren).

Entgangener Gewinn trotz Deckungsverkaufs, Besprechung von BGH, Urt. v. 29. 6. 1994 - VIII ZR 317/93, in: NJW 1995, 3169-3170.

Anmerkung zu EuG, Urt. v. 12. 1. 1995 - Rs T-102/92 „Viho/Kommission", in: EWiR 1996, 307 = EWiR Art. 85 EGV, 1/96, 307 (Kartellrechtliche Zulässigkeit konzerninterner Vereinbarungen).

Anmerkung zu BGH, Urt. v. 9. 12. 1992 - VIII ZR 218/91, in: ZAP 1993, 699-700 (Vollstreckungsabwehrklage: Einwand der Abtretung bei Einziehungsermächtigung für Titelgläubiger).

Anmerkung zu BayObLG, Beschl. v. 28. 1. 1992 - 1 Z 64/91, in: Rpfleger 1992, 484-486 (Beweisfragen im Erbscheinsverfahren).

Buchbesprechungen (書評)

Erdmann, Kay Uwe (Hrsg.), Grundzüge des Versicherungsaufsichtsrechts, Karlsruhe 2011, in: VersR 2012, 294-295.

Langheid, Theo/Wandt, Manfred (Hrsg.), Münchener Kommentar zum VVG, München 2011, in: VersR 2012, 167-168.

Beckmann/Matusche-Beckmann, Versicherungsrechtshandbuch, 2. Aufl., München 2009, VersR 2010, 190.

Langen/Bunte, Kommentar zu deutschen und europäischen Kartellrecht, 10. Aufl., München 2006, in: WuW 2007, 751-752.

Timmerbeil, Sven: Witness Coaching und Adversary System. Der Einfluss der Parteien und ihrer Prozessbevollmächtigten auf Zeugen und Sachverständige im deutschen und US-amerikanischen Zivilprozess, Tübingen 2004, in: ZZP 2007, 127-132.

Laufkötter, Regina: Parteiautonomie im Internationalen Wettbewerbs- und Kartellrecht, Berlin 2001, in: ZHR 167 (2003), 503-506.

Wiedemann, Gerd (Hrsg.): Handbuch des Kartellrechts, München 1999, in: ZHR 165 (2001), 418-423.

Obermüller, Manfred/ Hess, Harald: InsO - Eine systematische Darstellung des neuen Insolvenzrechts, 3. Auflage, Heidelberg 1999; Hess, Harald/ Obermüller, Manfred: Insolvenzplan - Restschuldbefreiung und Verbraucherinsolvenz, 2. Auflage, Heidelberg 1999, in: ZZP 114 (2001), 121-125.

Lambsdorff, Hans Georg, Graf: Handbuch des Wettbewerbsverfahrensrechts, Neuwied, Kriftel 2000, in: WM 2000, 2223-2224.

Ittner, Dirk: Die Vermutungen des GWB, Berlin 1998, in: ZHR 164 (2000), 329–333.

Röhricht, V./Westphalen, F. Graf v. (Hrsg.): Handelsgesetzbuch, Kommentar zum Handelsstand, Handelsgesellschaften, Handelsgeschäften und besonderen Handelsverträgen (ohne Bilanz-, Transport- und Seerecht), Köln 1998, in: JR 2001, 129–130.

Schuschke, Winfried/Walker, Wolf-Dietrich: Vollstreckung und Vorläufiger Rechtsschutz, Kommentar zum Achten Buch der ZPO, Band I: Zwangsvollstreckung, 2. Aufl., Köln u.a. 1997, und dies., Zweite Zwangsvollstreckungsnovelle, Köln u.a.1999, in: ZZP 112 (1999), 121–125.

Austmann, Andreas: Basispreise und Trigger-Preise im Antidumpingrecht, Heidelberg 1989, in: DAJV-Newsletter 1989, 64.

Sonstiges（その他）

Lektionen 1.1 Methode der Rechtsanwendung und Technik der Fallbearbeitung, 1.2 Rechtssubjekte, 1.3 Rechtsgeschäft und Willenserklärung, 1.7 Stellvertretung I, 1.8 Stellvertretung II, 1.9 Bedingung und Zeitbestimmung, 1.13 Verjährung (zusammen 289 S., mit Carsten Hösker), in: Online-Lektionen BGB Allgemeiner Teil (Pohlmann, Oestmann, Hösker, Süß), Unirep Juristischen Fakultät der Westfälischen Wilhelms-Universität Münster, 2011.

Klausur (mit Einführung in das Versicherungsaufsichtsrecht): Französischer Rotwein und die Folgen, in: Ad legendum 2011, 136–146 (mit D. Schäfers).

Klausur: Ein Gläubiger kommt selten allein, in: Ad legendum 2009, 87–95 (mit L. Schulze-Kalthoff).

Klausur: Gesunde Ernährung muss nicht teuer sein, in: Ad legendum 2007, 259–267 (mit J. Heyers).

Klausur: Pech beim Taxikauf, in: Ad legendum 2007, 26–32 (mit A. Kötting).

Klausur: Der gutgläubige Hypothekar, in: JA-Übungsblätter 1991, 1–4 (mit H. Kollhosser).

原著者略歴

Petra Pohlmann（ペートラ・ポールマン）

1961年　ドイツに生まれる
1980年　ミュンスター大学入学（1986年 司法国家試験第一次試験合格）
1987年　司法修習生（在米ドイツ通商代表部での修習を経て，司法国家試験第二次試験合格）
1991年　法学博士号取得
1997年　大学教授資格取得
1997年　デュッセルドルフ大学法学部教授（～2004年）
2004年　ミュンスター大学法学部正教授（～現在）

主要著書

Zivilprozessrecht, 3. Aufl., München 2014
Der Unternehmensverbund im Europäischen Kartellrecht, Berlin 1999

編訳者略歴

山 内 惟 介（やまうち これすけ）

1946年　香川県に生まれる
1971年　中央大学法学部法律学科卒業
1973年　中央大学大学院法学研究科民事法専攻修士課程修了
1973年　東京大学法学部助手（～1977年）
1977年　中央大学法学部専任講師（1978年　助教授に昇格）
1984年　中央大学法学部教授（～現在）

主要著書

『比較法研究　第二巻　比較法と国際私法』（中央大学出版部，2016年）
『国際私法の深化と発展』（信山社，2016年）

訳者略歴

柚 原 愛 子（ゆはら あいこ）

1983年　北海道に生まれる
2006年　中央大学法学部国際企業関係法学科卒業
2008年　中央大学大学院法学研究科国際企業関係法専攻博士課程前期課程修了
2008年　中央大学大学院法学研究科国際企業関係法専攻博士課程後期課程入学
2014年及び2016年　津田塾大学学芸学部非常勤講師

主要論文

「契約準拠法に関するローマ条約第6条第2項 b 号の解釈」山内他編著『国際関係私法の挑戦』（中央大学出版部，2014年）
「ヨーロッパにおける労働事件の国際裁判管轄権」法学新報119巻5・6号（2012年）

ポールマン教授講演集
ドイツ・ヨーロッパ保険法・競争法の新展開
日本比較法研究所翻訳叢書（74）

2016年8月18日　初版第1刷発行

編訳者　山内惟介
発行者　神崎茂治

発行所　中央大学出版部
〒192-0393
東京都八王子市東中野742-1
電話042（674）2351・FAX042（674）2354
http://www2.chuo-u.ac.jp/up/

ISBN　978-4-8057-0375-5　藤原印刷

日本比較法研究所翻訳叢書

No.	著者・訳者	書名	判型・価格
0	杉山直治郎訳	仏蘭西法諺	B6判（品切）
1	F・H・ローソン 小堀憲助他訳	イギリス法の合理性	A5判 一二〇〇円
2	B・N・カドーゾ 守屋善輝訳	法の成長	B5判（品切）
3	B・N・カドーゾ 守屋善輝訳	司法過程の性質	B6判（品切）
4	B・N・カドーゾ 守屋善輝訳	法律学上の矛盾対立	B6判 七〇〇円
5	P・ヴィノグラドフ 矢田一男他訳	中世ヨーロッパにおけるローマ法	A5判（品切）
6	R・E・メガリ 金子文六他訳	イギリスの弁護士・裁判官	A5判 一二〇〇円
7	K・ラーレンツ 神田博司他訳	行為基礎と契約の履行	A5判（品切）
8	F・H・ローソン 小堀憲助他訳	英米法とヨーロッパ大陸法	A5判（品切）
9	I・ジュニングス 柳沢義男他訳	イギリス地方行政法原理	A5判（品切）
10	守屋善輝編	英米法諺	B6判 三〇〇〇円
11	G・ボーリー他 新井正男他訳	〔新版〕消費者保護	A5判 二八〇〇円
12	A・Z・ヤマニー 真田芳憲訳	イスラーム法と現代の諸問題	B6判 九〇〇円
13	ワインスタイン 小島武司編訳	裁判所規則制定過程の改革	A5判 一五〇〇円
14	カペレッティ編 小島武司編訳	裁判・紛争処理の比較研究（上）	A5判 二二〇〇円
15	カペレッティ 小島武司他訳	手続保障の比較法的研究	A5判 一六〇〇円
16	J・M・ホールデン 高窪利一監訳	英国流通証券法史論	A5判 四五〇〇円
17	ゴールドシュティン 渥美東洋監訳	控えめな裁判所	A5判 一二〇〇円

日本比較法研究所翻訳叢書

18	カペレッティ編 小島武司編訳	裁判・紛争処理の比較研究(下)	A5判 二六〇〇円
19	ドゥローブニク他編 真田芳憲他訳	法社会学と比較法	A5判 三〇〇〇円
20	カペレッティ編 小島・谷口編訳	正義へのアクセスと福祉国家	A5判 四五〇〇円
21	P・アーレンス編 小島武司編訳	西独民事訴訟法の現在	A5判 二九〇〇円
22	D・ヘーンリッヒ編 桑田三郎編訳	西ドイツ比較法学の諸問題	A5判 四八〇〇円
23	P・ギレス編 小島武司編訳	西独訴訟制度の課題	A5判 四二〇〇円
24	M・アサド 真田芳憲訳	イスラームの国家と統治の原則	A5判 一九四二円
25	A・M・プラット 藤本・河合訳	児童救済運動	A5判 二四二七円
26	M・ローゼンバーグ 小島・大村編訳	民事司法の展望	A5判 二二三三円
27	B・グロスフェルト 山内惟介訳	国際企業法の諸相	A5判 四〇〇〇円
28	H・U・エーリヒゼン 中西又三編訳	西ドイツにおける自治団体	A5判 (品切)
29	P・シュロッサー 小島武司編訳	国際民事訴訟の法理	A5判 (品切)
30	P・シュロッサー他 小島武司編訳	各国仲裁の法とプラクティス	A5判 一五〇〇円
31	P・シュロッサー 小島武司編訳	国際仲裁の法理	A5判 一四〇〇円
32	張晋藩 真田芳憲監修	中国法制史(上)	A5判 (品切)
33	W・M・フライエンフェルス 田村五郎編訳	ドイツ現代家族法	A5判 (品切)
34	K・F・クロイツァー 山内惟介監修	国際私法・比較法論集	A5判 三五〇〇円
35	張晋藩 真田芳憲監修	中国法制史(下)	A5判 三九〇〇円

日本比較法研究所翻訳叢書

36	G・レジエ他 山野目章夫他訳	フランス私法講演集	A5判 一五〇〇円
37	G・C・ハザード他 小島武司編訳	民事司法の国際動向	A5判 一八〇〇円
38	オトー・ザンドロック 丸山秀平編訳	国際契約法の諸問題	A5判 一四〇〇円
39	E・シャーマン 大村雅彦編訳	ADRと民事訴訟	A5判 一三〇〇円
40	ルイ・ファボルー他 植野妙実子編訳	フランス公法講演集	A5判 三〇〇〇円
41	S・ウォーカー 藤本哲也監訳	民衆司法―アメリカ刑事司法の歴史	A5判 四〇〇〇円
42	ウルリッヒ・フーバー他 吉田豊・勢子訳	ドイツ不法行為法論文集	A5判 七三〇〇円
43	スティーヴン・L・ペパー 住吉博編訳	道徳を超えたところにある法律家の役割	A5判 四〇〇〇円
44	W・マイケル・リースマン他 宮野洋一他訳	国家の非公然活動と国際法	A5判 三六〇〇円
45	ハインツ・D・アスマン 丸山秀平編訳	ドイツ資本市場法の諸問題	A5判 一九〇〇円
46	デイヴィド・ルーバン 住吉博編訳	法律家倫理と良き判断力	A5判 六〇〇〇円
47	D・H・ショイイング 石川敏行監訳	ヨーロッパ法への道	A5判 三〇〇〇円
48	ヴェルナー・F・エプケ 山内惟介編訳	経済統合・国際企業法・法の調整	A5判 二七〇〇円
49	トビアス・ヘルムス 野沢・遠藤訳	生物学的出自と親子法	A5判 三七〇〇円
50	ハインリッヒ・デルナー 野沢・山内編訳	ドイツ民法・国際私法論集	A5判 二三〇〇円
51	フリッツ・シュルツ 眞田芳憲・森光訳	ローマ法の原理	A5判 (品切)
52	シュテファン・カーデルバッハ 山内惟介編訳	国際法・ヨーロッパ公法の現状と課題	A5判 一九〇〇円
53	ペーター・ギレス 小島武司編	民事司法システムの将来	A5判 二六〇〇円

日本比較法研究所翻訳叢書

- 54 インゴ・ゼンガー／古積・山内 編訳　ドイツ・ヨーロッパ民事法の今日的諸問題　A5判 二四〇〇円
- 55 ディルク・エーラース／山内・石川・工藤 編訳　ヨーロッパ・ドイツ行政法の諸問題　A5判 二五〇〇円
- 56 コルデュラ・シュトゥンプ／楢崎・山内 編訳　変革期ドイツ私法の基盤的枠組み　A5判 三二〇〇円
- 57 ルードフ・V・イエーリング／眞田・矢澤 訳　法学における冗談と真面目　A5判 五四〇〇円
- 58 ハロルド・J・バーマン／宮島直機 訳　法と革命 II　A5判 七五〇〇円
- 59 ロバート・J・ケリー／藤本哲也 監訳　アメリカ合衆国における組織犯罪百科事典　A5判 七四〇〇円
- 60 ハロルド・J・バーマン／宮島直機 訳　法と革命 I　A5判 八八〇〇円
- 61 ハンヅ・D・ヤラス／松原光宏 編　現代ドイツ・ヨーロッパ基本権論　A5判 二五〇〇円
- 62 ヘルムート・ハインリッヒス他／森勇 訳　ユダヤ出自のドイツ法律家　A5判 一三〇〇〇円
- 63 ヴィンフリート・ハッセマー／堀内捷三 監訳　刑罰はなぜ必要か 最終弁論　A5判 三四〇〇円
- 64 ウィリアム・M・サリバン他／柏木昇 他訳　アメリカの法曹教育　A5判 三六〇〇円
- 65 インゴ・ゼンガー／山内・鈴木 編訳　ドイツ・ヨーロッパ・国際経済法論集　A5判 二四〇〇円
- 66 マジード・ハッドゥーリー／眞田芳憲 訳　イスラーム国際法 シャイバーニーのスィヤル　A5判 五九〇〇円
- 67 ルドルフ・シュトラインツ／新井誠 訳　ドイツ法秩序の欧州化　A5判 四四〇〇円
- 68 ソーニャ・ロートエルメル／只木誠 監訳　承諾、拒否権、共同決定　A5判 四八〇〇円
- 69 ペーター・ヘーベルレ／畑尻・土屋 編訳　多元主義における憲法裁判　A5判 五二〇〇円
- 70 マルティン・シャウアー／奥田安弘 訳　中東欧地域における私法の根源と近年の変革　A5判 二四〇〇円
- 71 ペーター・ゴットバルト／二羽和彦 編訳　ドイツ・ヨーロッパ民事手続法の現在　A5判 二五〇〇円

日本比較法研究所翻訳叢書

72 ケネス・R・ファインバーグ 伊藤壽英 訳 大惨事後の経済的困窮と公正な補償 A5判 二六〇〇円

73 ルイ・ファヴォルー 植野妙実子 監訳 法にとらわれる政治 A5判 二三〇〇円

＊価格は本体価格です。別途消費税が必要です